好婚姻，靠修行

张 岩/编著

中华工商联合出版社

图书在版编目(CIP)数据

好婚姻，靠修行/张岩编著. —北京：中华工商联合出版社，2022.10
ISBN 978-7-5158-3547-1

Ⅰ. ①好… Ⅱ. ①张… Ⅲ. ①婚姻－通俗读物 Ⅳ. ①C913.13－49

中国版本图书馆CIP数据核字(2022)第171561号

好婚姻，靠修行

作　　者：	张　岩
出 品 人：	刘　刚
责任编辑：	楼燕青
封面设计：	周　源
责任审读：	付德华
责任印制：	迈致红
出版发行：	中华工商联合出版社有限责任公司
印　　刷：	三河市宏盛印务有限公司
版　　次：	2023年3月第1版
印　　次：	2023年3月第1次印刷
开　　本：	787mm×1092mm　1/16
字　　数：	180千字
印　　张：	15.5
书　　号：	ISBN 978－7－5158－3547－1
定　　价：	58.00元

服务热线：010－58301130－0(前台)
销售热线：010－58301132(发行部)
　　　　　010－58302977(网络部)
　　　　　010－58302837(馆配部)
　　　　　010－58302813(团购部)
地址邮编：北京市西城区西环广场A座
　　　　　19－20层，100044
http://www.chgslcbs.cn
投稿热线：010－58302907（总编室）
投稿邮箱：1621239583@qq.con

工商联版图书
版权所有　侵权必究

凡本社图书出现印装质量问题，请与印务部联系。

联系电话：010－58302915

前　言

　　婚姻是什么？有人说，婚姻是一座围城，里面的人想出来，外面的人想进去；有人说，婚姻是一座坟墓，它埋葬了人们美好的爱情；有人说，婚姻，若非天堂，即是地狱；也有人说，婚姻是美丽爱情的归宿，是每个人梦寐以求的追求。

　　虽然每个人都有自己对婚姻不同的解读，但是这个世界上依然有着一批批怀揣着对美好爱情的憧憬——憧憬着幸福甜蜜的婚姻生活，憧憬着浪漫牵手到白头的誓言，纷纷步入婚姻的殿堂。

　　然而，随着时间的推移，有些原本如胶似漆，认为爱情坚不可摧的夫妻渐渐被无端的不满、猜忌、争吵、抱怨、背叛等折磨得筋疲力尽，在矛盾的不断升级中，不堪重负，最终选择分道扬镳。

　　是的，要和一个毫无血缘关系的人相亲相爱一辈子是一门极其高深的学问。所以，婚姻中的男女必须要学会在婚姻中修行。在婚姻中修行是指为了达到某一目的而进行自我锻炼和约束的一种方式。婚姻是否平静、长久，取决于双方或其中一方的修养程度，这种修养是指婚姻修养，即一个人对于自身和他人欲望、心理的认识程度，反省能力，特别是自我调整和适应能力。婚姻修养好的人，善于控制自身的欲望，对自己，特别是对爱人的心理、为人有不同程度的了解，情绪稳定，知足常

好婚姻，靠修行

乐，适应生活、爱人和婚姻的能力比较强。

本书提供了守护婚姻的秘籍法则，借助它们，我们可以少走很多弯路，朝着幸福的方向前进。书中通过大量贴近生活的事例，从如何选对人，到如何适应自己的角色，调整自己的心态，以及如何让婚姻保鲜，如何打好婚姻的保卫战。同时，书中还涉及处理感情危机的技巧等话题，分析了婚姻生活中可能遇到的诸多问题。而作者把写作的重点放在女人如何在婚姻中完成自我修炼，提升自我，潜心修行。修行必先修身，只有自身修行好了，才能经营好婚姻。俗话说："男主外，女主内。"男人生活的重心在于事业，而大多女人的生活重心在于家庭。一个家庭是否幸福80%以上取决于女主人，可见女人对婚姻的重要性。此书可谓是女人幸福生活的百宝箱，帮助女人成为婚姻中的幸福王后。处在婚姻幸福中的女人读了此书会更加惜福，将婚姻经营得更好；而处在婚姻迷茫中的女人读了此书可以帮助她走出婚姻迷局，学会爱自己，爱别人。而男人读了此书也会更加理解与体贴妻子，因为婚姻不是独角戏，需要夫妻双方共同修炼。

处在围城里的两个人，若是把婚姻当成是一场修行，找对修行的方式，不管道路怎么曲折坎坷，只要用心经营，在经历种种考验过后，必定能执子之手，与子偕老。

目录
Contents

第一章

女人决定婚姻的样子

有一种女人嫁给谁都幸福//3

家庭幸福80％以上取决于女主人//6

幸福取决于女人的心态//10

婚姻里的黄金比例//13

与其他家庭成员和谐相处//16

聪明女人不翻旧账//19

寻找你们的共同语言//23

爱要亲密有间//27

第二章
你的婚姻你做主

什么样的男人不能要//33
一眼选中"生活优质男"//38
用"心计"赢得爱情//41
婚姻是爱情的延续//46
父母的话要学会选择性地采纳//49
幸福就是嫁对人//53
享受独处的好时光//55
独立的女人最可爱//59

第三章
好婚姻，靠修行

懂老公，做天下最幸福的女人//65
婚姻中没有赢家//68
白头偕老的秘密//71
婚姻拒绝完美主义//76
让爱情保鲜的相处秘籍//79
给爱情加点盐//84
爱情加面包，才是完美的生活//88
别让幸福在比较中迷失//92

目 录

第四章
修炼你的独家秘籍

性格好的女孩更容易收获爱情//99

做个有趣的女人//102

永远不要做"黄脸婆"//106

聪明女人善于打造完美身材//109

服饰是女人的第二张脸//114

内外兼修是女人的必修课//118

保持优雅的气质,让男人着迷//121

第五章
好丈夫是好女人打磨出来的

把风头留给他,风采留给自己//127

打进老公的"男人帮"//133

女人应该懂得为老公减压//137

做男人的"心灵按摩师"//141

好男人是"捧"出来的//145

别让唠叨毁掉你的婚姻//149

好男人都是女人用心培养出来的//154

爱他,就多给他一些自由空间//158

会撒娇的女人最好命//161

读懂男人的情绪密码//166

好婚姻，靠修行

第六章
成为幸福婚姻的女主人

从细节入手增进夫妻感情//173

如何避免婚姻中的审美疲劳//178

经营婚姻，关键在于经营爱情//184

夫妻和睦是包容和谦让//189

婚姻在左，宽容在右//193

给婚姻加个温情的"套"//197

改掉喜欢抱怨的习惯//203

懂得装傻的女人最聪明//208

缺乏沟通会让婚姻亮起红灯//211

第七章
婚姻保卫战

幸福婚姻底线不可破//217

别亲手毁掉自己的婚姻//221

家，不是讲理的地方//225

学会认输，终止争吵//228

幸福的夫妻互相成全//232

避免让婚姻成为爱情的坟墓//235

第一章
Chapter 01

女人决定婚姻的样子

> 世上有一种女人嫁给谁都幸福,跟谁在一起都能找到快乐。因为她爱自己,她拥有强大的内心。她也懂得爱别人,懂得创造自己的幸福。

第一章 女人决定婚姻的样子

有一种女人嫁给谁都幸福

婚姻是否幸福跟女人的关系很大。有的女人无论嫁给谁都觉得不够幸福，而有的女人懂得经营婚姻和夫妻关系，无论嫁给谁都能幸福。有一种女人懂得怎样得到幸福，她知趣、有涵养、能包容，有赚钱能力又有点小浪漫，她嫁给谁都会幸福。她的适应能力很强，会在生活中不断地自我调节，寻找快乐。

王尔德说过："爱自己，是一场终生恋情的开始。"不要再等待别人来斟满自己的杯子，也不要一味地无私奉献。如果我们能先将自己面前的杯子斟满，心满意足地快乐了，自然就能将满溢的福杯分享给周围的人，也能快乐地接受别人的给予。

楚莎是一个 35 岁的平凡女人，中等姿色，学历一般。但她老公肖楠是个气宇轩昂的高知男，名牌大学博士毕业，头脑聪明，后来下海经商发了财。结婚七年，他们有一个乖巧可爱的儿子。大家都羡慕楚莎命好，嫁了这么一个优质好男人。对此，楚莎却笑而不

好婚姻，靠修行

语。其实，她的故事并没有大家想的这么简单。

要知道，在楚莎身上，她拥有一个女人应有的幸福。

楚莎会做菜，会煲汤，会踏实过日子。楚莎嫁给肖楠的时候，他只是一个大学里的讲师。当他站在讲台上激情飞扬地大谈犬儒主义和叔本华时，台下满是冲着这位英俊老师而来的女生。楚莎全身心地投入和迷恋这份感情，那时的她根本不介意他这个"三无"男人：没钱、没车、没房。

楚莎深知，不能对婚姻期望过高，抱怨与纠结于小事更是婚姻的大忌。在楚莎刚怀上孩子的时候，肖楠的事业刚刚起步，天天周旋于客户和朋友之间，请客吃饭，陪酒，陪玩，夜夜晚归。楚莎感到非常不安，她觉得眼前的这个男人简直就像是换了一个人。他甚至都没时间对身怀六甲的老婆嘘寒问暖，更没有精力去回应老婆的关心。在生活的残酷考验下，肖楠变成了一个十足的工作狂。楚莎觉得这个男人已经不是自己当初深爱的那个人了，再勉强下去还有什么意义？

莉莉的出现差点击碎了楚莎的幸福梦。莉莉是肖楠生意上的重要合作伙伴，年轻貌美、出身富裕家庭的她有着很好的生意头脑和管理能力。莉莉向肖楠表白，表示自己根本不在意他的已婚身份，只要肖楠肯离婚，她将义无反顾地跟随他，并将他的儿子视如己出。这让肖楠不免有些心动。

此时，楚莎的内心也开始紧张了起来。她深知自己不能改变这个男人，于是她决定改变自己。楚莎开始培养自己的兴趣爱好，在照顾好自己的同时，贴心地照顾好肖楠和孩子。

肖楠终日担心，万一楚莎问出那个难堪的问题该怎么办，因为他不知道该如何回答。但楚莎对此却只字未提,她开开心心地过着自己的日子。当然,楚莎也有了不少变化:她恢复了几分婚前活泼可爱的样子,穿衣打扮也变得越发精致了;她参加了瑜伽课,还学了插花、泡茶;她和姐妹们去国外旅游,回来时给儿子带回来一个独具特色的小玩具,还送了肖楠一个乌木镶银的烟灰缸;她开始学习外语,交了几个外国朋友。这个跟了自己七年的女人身上原来还有那么多自己不了解的特质和能量,这一切让肖楠感觉既陌生又熟悉,并深深地被她吸引。

世上有一种女人嫁给谁都幸福,跟谁在一起都能找到快乐。因为她爱自己,她拥有强大的内心。她也懂得去爱别人,懂得创造自己的幸福,而不是向他人索取。

爱自己,才能遵照自己的内心而活,才会注重自己与别人建立起来的良好关系,去尊重他人、包容他人。其实,尊重、包容他人也是在尊重、包容自己。

爱自己,你就是你能拥有的全部。你看得到阳光,才会感到整个世界的阳光。你就是自己的一切。女人只有爱自己,才能让自己快乐,让你身边的人快乐。

爱自己的女人,独立,有担当,对自己负责;有一定的经济收入和工作能力,能够养得活自己;在面对生活中的苦难和不幸时,懂得承担并积极努力地将自己带出困境。

爱自己的女人,懂得自省、自律,通过不断的学习、修行和矫正自己的行为和心智,只有爱自己的人才有能力去爱别人。

世上有一种女人嫁给谁都幸福,因为她深谙让婚姻幸福的秘诀。

好婚姻，靠修行

家庭幸福80%以上取决于女主人

中国最有内涵的一个字是"安"。"安"字，上面一个宝盖头喻义为"家"，它告诉男人，女人就是家，家里有一个女人，你的心里才能安宁，你才能感到温暖。

古语有云"妻贤夫安"，可能就是对这个字的深刻解释。娶一房好太太旺三代，家庭幸福80%以上取决于女主人。选择伴侣不仅是选择一个人，更是选择一种生活方式。女人决定了上一代人的幸福，这一代人的快乐，下一代人的未来。所以说，一个男人决定了女人一生的命运，而一个女人决定了一个男人三代的命运！

所以，每一个女人都应该懂得不断成长，因为你决定了你男人的最高点和孩子的起点！妻子的角色在家庭中非常重要。她决定了做丈夫的是不是对家庭有归属感，她决定了孩子的情商，甚至智商，她决定了这个家庭是不是温馨和谐。

俗话说，一个成功的男人背后都有一个贤惠的妻子。宋耀如对

第一章 女人决定婚姻的样子

孙中山革命事业的奉献，离不开他的爱妻倪桂珍的支持。倪桂珍是一位端庄、贤淑且有知识、有主见的女子。她受过良好的教育，擅长数学，喜欢弹钢琴，曾在教会办的培文女校任教员。

倪桂珍嫁给宋耀如后，生有六个孩子。倪桂珍是一个善持家务，又有先进思想、乐于助人的家庭主妇。据她儿女的回忆，那时"母亲料理家务，设法量入为出。凡是省吃俭用节余下的钱，她即捐赠给革命事业。她也接济穷人，并且是学校和教堂的赞助人。虽然家里并不富裕，但母亲仍然让全家人都生活得快活和舒适，在最困难的日子里，她也始终保持这样"。

宋夫人是中国早期新式妇女的样板，她将六个子女视若珍宝，细心照料，传授知识。倪桂珍对子女的教育有两点与众不同之处。一是管教甚严。倪桂珍常说："养不教，父之过，也是母之过。"她对子女始终严加管教，严禁孩子们做有失体统的事情。二是重视女孩的教育。古语说："女子无才便是德。"接受过西学的倪桂珍不相信封建思想，她认为女子与男子一样，都可以成为有作为的公民，为国家做贡献，她与丈夫共同决定要把子女都送到美国去读书。她像对待男孩那样对待女孩，他们的女儿们是首先被送出国的。有如此先进思想的父母，实在是宋氏三姐妹之福。宋耀如夫妇的"男女平等"思想及他们对中国慈善事业的贡献，更使他们的三个女儿感受至深。日后，性格迥异、立场不同的三姐妹皆热衷于中国的妇女运动以及慈善事业，不得不说是受了父母潜移默化的影响。

倪桂珍不仅是一位良母，更是一位通情达理的贤妻。对于丈夫与孙中山等革命党人的交往及他们所从事的活动，倪桂珍虽不甚了解，但她始终坚信丈夫、支持丈夫。

好婚姻，靠修行

情商智商双高的女人让丈夫的事业快速起飞，培养出来的孩子个个讨人喜欢，前程似锦。情商智商双低的女人会把丈夫和孩子折磨得生不如死，婆媳关系处理不好，夫妻关系处理不好，跟孩子沟通不好。

教育家苏霍姆林斯基说："一个好女人，是男人的一座伟大学校。"一个家庭女主人的习惯、性格、脾气、品性能够决定这个家庭全体成员的身心健康以及全家的生活品质，甚至决定这个家庭在"小社会"中的气场。

一个家要靠着女人打理经营才能蒸蒸日上。有女人的家才是一个完整的家：丈夫，需要一个好妻子；孩子，需要一个好妈妈！有女人，家中会笑声不断，幸福长久！男人是一个家的顶梁柱，是主心骨；女人便是这个家的风水，这个家的气数！

中国有句古话叫："妻贤大祸少。"一个好男人的身后肯定有一个贤惠的妻子。一个妻子不是帮助或促使丈夫朝好的方向发展，就必然诱使丈夫朝坏的方向堕落。一个好妻子完全可以成就一个男人；一个坏妻子也完全可以毁掉一个原本十分优秀的男人。

《后汉书·列女传》中记载着乐妻断织劝学的故事：河南郡的乐羊子出门寻师求学。一年后，他回到家里。妻子一见面便问他为什么回来，他说："出门久了，想念家人，没有别的原因。"妻子竟然拿着刀走到织布机前说："这匹绸子是由蚕茧中的丝一寸一寸积累起来的。如果将它用刀割断，则前功尽弃。你去求学每天都能懂得一些新的学问，养成美好的品德。如果你中途而废，与刀断匹绸有什么两样？"乐羊子被妻子的这一番话感动了，立刻回到老师那里，勤奋苦学，终于成了一个有学问的人。

第一章　女人决定婚姻的样子

一个家庭是否幸福、平安，后代能否成才，跟女主人的行为处事有着很大的关系。

唐太宗李世民能够从谏如流，成为一代明君，其实与长孙皇后的直言匡君、宫中规谏是密不可分的。长孙皇后死后，李世民曾悲痛地说："但入宫不复闻规谏之言，失一良佐，故不能忘怀耳。"

女人心身端正、乐善好施，会为家及子孙后代带来无尽福德，避免家出祸端。所以，古人云："好女人会旺三代，坏女人会害三代。"

好婚姻，靠修行

幸福取决于女人的心态

亚里士多德说："幸福就是自足，幸福的自足就是无求于外物，而自满自足。"也就是说，幸福是一种感觉，它不取决于人们的生活状态，而取决于人的心态。人要学会自我满足，学会改变环境，但更要学会适应环境。你不可能是世界上最幸运的人，但是你也不是世界上最不幸的人。境由心造，情由心生，幸福与否完全取决于你的心态。

很多时候，"简单"就是一种幸福。生活本来就有太多的诱惑，太多的追求和渴望会让原本简单纯粹的人生变得迷茫与困惑起来。什么是幸福？每个人的答案和标准都不同。悲观的人认为，幸福是那天边的地平线，可望而不可即；乐观的人认为，幸福就在身边，就是开心度过每一天，珍惜现在所拥有的，把握时光，不留遗憾。

颜夕嫁给了一个"微富二代"，虽没有万千家产，但有车有房无贷款，老公工作努力，可爱的孩子也四岁了。在朋友眼中，颜夕成了嫁得好的典范，可颜夕却不这么认为。她愤愤地说："现在的女人，谁还一边上班一边带孩子？我这算什么嫁得好?!"

颜夕认为的幸福是有车有房，生了孩子不用管，一切都依赖公公婆婆，自己则天天和老公过着潇洒的二人世界。然而现实却是，颜夕的公婆忙着赚钱，没时间来帮她照顾孩子。这么比起来，颜夕觉得自己嫁得还不够好。

其实，嫁得好不好，不在于男人的条件，而在于女人的心态。心态不好的女人，只要生活中有一点不如意，就会抓住并无限放大。心态好的女人，即便没车没房也会觉得幸福，拥有这种心态的女人才有能力驾驭生活。幸福的女人多拥有达观的心态：她不会羡慕别人天天吃生猛海鲜而抱怨命运不公；不会因为同事的薪水比自己高，背地里就大说同事的坏话；不会因为自己嫁了一个平凡的男人，就天天贬损老公一无是处。

一个幸福的人不是因为她拥有得多，而是因为她计较得少，懂得发现和寻找，且具有博大的胸襟、雍容大雅的风度。幸福其实很简单，只要从容处世，看淡得失，努力积极地发掘生活中美好的一面，幸福就会接踵而至。

蔡康永说："你很重要，因为你就是你能拥有的全部。你存在，整个世界才存在。你看得到阳光，整个世界才看得到阳光。你失去平衡，世界就失去平衡。"其实，幸福的发言权是掌握在自己手里的，它是一种知足常乐的心态，不要总抱怨自己没什么，而要多看看自己拥有什么。

幸福的女人多拥有乐观的态度和积极进取的精神。为理想而打拼的日子，苦中有乐，对于女人来讲，同样是一种享受。

好婚姻，靠修行

　　冰彤的婚姻在大家看来并不是太好，但冰彤整天乐呵呵的。冰彤和丈夫结婚时没车没房。在孩子两岁时，他们才在五环外贷款买了一套小两居的房子。虽然日子过得有点紧巴，但冰彤一直觉得自己嫁得不错，和老公一起努力，照顾好孩子、供完房子就是他们的奋斗目标。

幸福的女人大多会自我调整。如果她正经历着人生中某些不如意的事情，她会自我调整，尽量让自己快速从人生的低谷中走出来，重新开始全新的生活。

幸福的女人多是充满阳光的女人，有开心的笑容，有助人为乐的热情。幸福的女人都是会自我疗伤的女人，再大的伤痛于她而言，都会笑着面对。放下包袱，轻装前行，你会发现美好的事情正在不远处等着你。

第一章　女人决定婚姻的样子

婚姻里的黄金比例

专家说，完美的婚姻有三大幸福点：一是丈夫的年龄比自己大，满足了女性"三位一体"的愿望，女性梦想中的白马王子兼具爸爸的成熟、兄长的呵护和朋友的活力；二是年长的丈夫通常有一定的经济基础，减少了经济纠纷发生的概率；三是家庭竞争少，丈夫年长，女性自然会生发出依赖和服从感，减少夫妻间权利的竞争，摩擦现象也会随之减少。

女人都希望伴侣比自己个子高，比自己年长，比自己薪水多，是因为大多数的女人有较强的被保护欲。那么，男女双方各方面的差距多少才最适合呢？

1. 年龄黄金比例：4～8 岁的年龄差

女生一般都比男生早熟，两个人要和平相处，年龄是个大问题，尤其关键的是心理年龄要相仿，男比女大几岁就正适宜。

当女生还在象牙塔里满怀幻想时，男生已经开始工作。等到女生毕业了,男生已经相对比较稳定,不说有车有房,至少也是收入不错,成家立业自然就顺理成章。

对于男女年龄的差异,人们已经变得宽容了许多。欧洲科学家们做过一项调查显示,年龄是影响婚姻稳定的一个关键砝码。英国巴耶博士对1 534对情侣做了一项追踪调查,结果显示,能强有力维系婚姻的最佳情侣模式是男女双方均受过高等教育且无离异史,同时男方比女方年长5岁以上。研究者称,妻子比丈夫小5岁以上是最不容易产生矛盾的年龄组合,他们的离婚率为其他婚姻的1/6。

年龄的确在婚姻中扮演着重要的角色,但真正决定婚姻稳定与否的并非年龄。首先,英文中的 **LOVE** 是由一句拉丁文压缩而来,这句拉丁文是"爱是对他人生命持久的关注"。这就道出了夫妻之爱的真谛,那就是只爱伴侣本身,而不是关注外在的条件,也就是我们常说的"身高不是问题,年龄不是问题,长相不是问题"。外在条件要求越少,爱情越稳固。其次,研究还显示,性格越相近的人爱情越稳固。人们经常所说的"夫妻之间互补"是指自己想拥有但没有,而配偶却具备的品质,这是一种欣赏,而并非性格南辕北辙。最后,要具有同一性:一是结婚后,就要有与对方融为一体的观念;二是受教育程度和人生观价值观要相当。这些才是决定婚姻稳定与否的内在因素。

2. 身高黄金比例:12厘米的高度差

女孩都希望伴侣比自己高,是因为她们都有比较强的被保护欲,觉得身材高大、有见识、有事业基础的异性比较有安全感,可是男女双方身高的差距要多少才是最适合呢?

研究发现,男女的最佳身高差是12厘米,这样不管是牵手、拥抱、接吻，都是最和谐的差度。而且婚后相处一堂，这样的身高差比较适宜培养夫妻双方的心理健康。

3. 月薪黄金比例：1.5 倍的月薪差

调查显示，一般丈夫的薪酬是妻子的 1.5 倍时，这个家就能运转自如了。婚前是各吃各的，婚后同屋睡觉，同桌吃饭，工资条和银行卡都是透明的。谁拿多少，怎么养家也是个关键问题。供房供车这样的大头开支自然是男人付出得多，但吃饭穿衣孝顺老人应由女人来操劳，照料老小、保障生活也是体现一个妻子水平的关键。

4. 心灵黄金比例：要有一定的隐私差

婚姻最可怕的状态莫过于同床异梦，而这恰恰是多数夫妻会遭遇的问题。刚开始时，两人希望成天腻在一起；婚后却发现，想再出去跟朋友把酒狂欢成了奢望，一个小时没消息就会引起轩然大波，怀疑和被怀疑把当初的激情打得支离破碎。

有句话说得好，婚姻如手中握沙，你握得越紧，沙漏得越快。婚姻中的两个人要学会给彼此一点自己的空间，每个人都有隐私权。爱来之不易，要留一点空隙，彼此才能呼吸。夫妻关系虽然亲密，也要有私人空间，既可以保持自我的独立，也可以保持对爱人的欣赏。让彼此有一点隐私，也是对对方的尊重。

幸福的婚姻除了套用以上的几个公式外，最重要的还在于经营。夫妻间相互理解、宽容、携手共进，才能创造出美满的婚姻。

好婚姻，靠修行

与其他家庭成员和谐相处

婚姻不仅仅是两个人的事，还是两个家庭的事。作为妻子担负着多重角色，必须准确把握自己在婚姻中的角色行为。女人在没出嫁以前早已习惯了自己的成长环境，但是嫁给了一个人就等于嫁给了他的习惯和性格，另外还要接纳他家人的习惯和爱好。

妻子和自己的家人和平相处，是每个男人最希望看到的。但很多男性都困惑："为什么妻子那么排斥我妈、我的家人、我的朋友？"男人非常希望他爱的女人能和自己的家人及朋友和谐相处。当婆媳关系紧张到一触即发时，男人就会变得很焦虑。

疏妍刚结婚时，由于丈夫在外地工作，剩下她与婆婆、公公同住。有一次，婆婆丢了一对千足金耳环，她一遍又一遍地追问疏妍，还打电话向儿子告状。那段时间，疏妍上班很忙，每天很晚才回家。然而，婆婆一见儿媳妇就追着问金耳环的事，这让疏妍不胜其烦。丈夫在电话里对她说："她是妈，你就谅解一下她老人家，

第一章　女人决定婚姻的样子

别计较。"疏妍只好把这些烦躁情绪压在心里，但内心深处却对婆婆有了深深的不满。

后来，疏妍调到丈夫所在的城市工作，跟婆婆异地而处。但是，每次夫妻吵架都与婆婆有关。疏妍觉得，婆婆是他们婚姻里不可逾越的鸿沟，总在控制着她和丈夫。婆婆再三叮嘱丈夫，让他多照料弟弟，丈夫不但在经济上贴补弟弟，还让弟弟两口子把自己的房子出租，搬到自己家里来住。这让疏妍觉得很难接受。

生孩子时，疏妍的丈夫买了一大束鲜花送给疏妍，婆婆抱怨说这花不能吃、不能用，干吗要花那么多钱去买？月子期间，她总是在找疏妍的碴儿：检查她是否有浪费，批评疏妍太黏丈夫……

两个相爱的人结婚后要采用合适的方法和双方的家庭成员和睦相处，而且这需要两个人持久地付出努力。

1. 对家庭成员要一视同仁，平等对待

结婚不仅是两个人的结合，更是两个家庭的结合，应把对方的家人视作自己的家人，不分厚薄，平等相待。如轮流参加节假日双方的家庭聚会，在给双方家庭的老人亲友买礼物时也要公平对待，主动给家人买东西，为对方的家人着想，这样做无疑会有更令人满意的结果。

2. 重视和对方家庭的情感联络

婚后若要融洽相处，情感投入是必要的。对公婆仅仅从礼节上表示尊重和尽孝是远远不够的，还应注意和他们多交谈，在精神上予以沟通，切实地在生活上帮助他们，使他们真正感到媳妇是自己的亲人。

好婚姻，靠修行

3. 避免介入对方家庭成员的是非纠纷

初入对方家庭，对其中成员的个性、品格，对这个家的家风都不甚了解，所以应格外注意，不对任何人发表不好的评论，以免引起误解或事端。如果对方家庭成员间发生纠纷，不要介入，也不要轻易评论，更不要传话。劝解时，要站在公平的立场上，最好和老公多商议，避免落得个两面不讨好的糟糕结局。

4. 在日常相处中，随和宽容，落落大方

家庭中的许多事看起来都是小事，但若认真追究起来，也会涉及自尊、面子、公平等问题。遇事宽容以待，不斤斤计较。如果你坚持这样做，一定会受到家人发自内心的尊重。

如果夫妻双方都能和对方家庭成员和睦相处，夫妻之间也就少了许多让人烦心的事，二人的生活也会变得更亲密、更美满。

第一章　女人决定婚姻的样子

聪明女人不翻旧账

"你怎么总是提这些陈芝麻烂谷子的事情呢？"这是男人经常对女人说的一句话，往往一件小事就能勾起女人曾经的诸多回忆。女人们也不得不承认这个事实，相比男人而言，女人更喜欢"翻旧账"。

那么，为什么女人总是爱"翻旧账"呢？这是有其心理学根源的：女人一般都有很深的怀旧心理，正因为这种念旧心理，她们常常会将那些过往的旧事拿出来"晒晒"，也就是"翻旧账"。一般来说，男人情感粗放，而女人情感内敛、细腻，因此男人和女人在事情的处理方式上有很大的差别。男人对事情不满意，往往会直接将这种情绪发泄出来。比如，男人会大发雷霆，但脾气发出来之后就会雨过天晴。女人一般表现得风平浪静，其内心却早已波涛汹涌。她们会把某件刺激到自己的事情深埋在心底，经久不忘，这种深藏在心底的情绪会越积越多。直到有一天，某件事触发了她们的情感，她们会将以前的怨恨一股脑地发泄出来。

"翻旧账"是女人向男人表达不满，要求更多关爱的一种方式。女

好婚姻，靠修行

人通过"翻旧账"来发泄自己的情绪，希望男人能够了解自己在过去的事件中所感受到的失望和受到的委屈，这是女人向男人诉苦的一种方式。

同时，女人爱唠叨、斤斤计较等的天性也都是造成女人爱"翻旧账"的原因。虽然女人可以通过"翻旧账"来宣泄自己愤怒与不满的情绪，但是如果次数过多的话，就会让男人感到厌烦。即使女人的委屈最初会让男人感到内疚，这份内疚也会在女人不断地数落和抱怨中消散，男人甚至会因此而恼怒。所以说，做任何事情都要掌握好度。同样，女人在"翻旧账"这件事上也要掌握好一定的度，"翻"好了，男人会更加心疼你、爱护你；"翻"砸了，男人就会愤怒，觉得你不可理喻。

所以，女人们，请不要用"翻旧账"来体现自己特殊的记忆力，更不要经常以此来达到"教育"男人的目的。

艾琪最近很不爽，她频频地向好友诉苦："我老公第一次去我家时，只给我爸妈送了一箱牛奶和茶叶。结婚的时候，他们家都不知道给小辈们包红包，结果是我自己拿的钱，现场包的……这样的事，层出不穷。我算通情达理了。当初买房，我们家出了20万的首付款，装修时也贴了不少钱。他以前的工作工资低，一个月才挣几千块钱，他嫌没前途，非要自己出来单干，结果钱没挣着不说，还赔了几十万。更气人的是，他没和我商量就借了高利贷，现在还欠着一屁股债，这些我都能忍。我只求他能找一份稳定的工作，踏踏实实地上班，别让我整天提心吊胆就行。可他却说，他没出息都是被我打击的。我真是无语了。我觉得我俩现在越来越没有共同语言了，一说话就吵，感觉这日子没法过了……"

第一章　女人决定婚姻的样子

女人最爱挂在嘴边的话是，我对你如何如何好，我为了你如何如何……凡此种种，男人听了压力好大啊。

女人在说这些做这些的时候，表面上是为了男人，其实都是为了一己私心。因为，女人的目的是心安和幸福，所谓付出都是你自以为的，你会为一个不相干的人抛钱财洒热血吗？不会。因为他是你的爱人，你才会这样心甘情愿。既然心甘情愿做的事，为什么要不停地翻出来，让男人顶礼膜拜、感恩戴德？翻旧账，翻出来的往往不是恩情，而是牢骚，是怨气。

当然，翻旧账是女人身上的属性，不太好改掉，所以女人在翻旧账时至少有两点需要注意。

1. 玩笑式的翻旧账

平时不要乱翻旧账，生气时更不能瞎翻旧账，实在忍不了，就在心情不错时以开玩笑的方式翻出来。比如，"我为你留在了这个城市"就可以这么说，"唉，你看这满城的雾霾，不行，你得带我去空气好的地方旅游，也不枉我为你留在了这个鬼地方"。比如，"我为你开始吃大蒜了"就可以这么说，"我一个如花似玉的大美女，现在居然为了你这么个臭男人，把这么臭的大蒜吃得津津有味。来，老公，亲一口"。这样的"翻旧账"，既是提醒，又能怡情，还能达到自己的目的。

2. 针对男人的性格翻旧账

女人对有些男人可以翻旧账，对有些男人是绝不能乱翻旧账的。这种男人有着防守型人格，又不通人情世故，平时闷不吭声，一旦戳到其痛处，不仅蛮不讲理，还会捅一堆烂摊子来让你收拾。尤其是一旦激怒了他，你说他没能力他就认为你看不起他，憋着一肚子的自信撸起袖子准备不计后果地大干一场。

　　夫妻相处，翻旧账是大忌。说到底女人爱翻男人旧账，就是要拿着男人的软处，可是男人会认为女人一味翻旧账，是永远纠缠于过去的问题中，看不到他现在的变化，索性会说出"我就这样了，你怎么着吧"这样的话来。老话说："打人不打脸，揭人不揭短。"揭对方伤疤，其实是在和自己较劲。聪明的女人要学会遗忘，过去的事就让它过去吧！

第一章　女人决定婚姻的样子

寻找你们的共同语言

"物以类聚，人以群分"，婚姻亦是如此。背景和出身类似的人似乎更容易找到共同语言，更容易走得长远。因同乡、同校、同班、同单位而成为夫妻的，在我们的生活中比比皆是。他们大多家境相当，地位差距不大。

婚姻是多种因素的组合体，和谐的夫妻总是能在多种因素中找到平衡，在物质上相互给予，精神上相互慰藉。人生观价值观相同或相近，生活中有共同的兴趣爱好，既是夫妻，也是同行者。不和谐的夫妻也有相互吸引的部分，或是偏重物质，或是偏重精神，但总体上是不平衡的。人缺什么就想要什么，在这样的情况下，一旦遇到合适的条件，婚变在所难免。

苏凌和丈夫锦城曾经是机关的同事，平时接触比较多。锦城很有上进心，工作能力很强，仕途较顺，30多岁已经成为局级干部。苏凌学的是财务专业，却始终在原地踏步。随着岁月的流转，激情

好婚姻，靠修行

一点点褪去，锦城的甜言蜜语渐渐变少，生活慢慢归于平淡。苏凌觉得这很正常，绝大多数婚姻都这样。唯一让苏凌感到不安的是，他们之间可聊的话题越来越少，由于所处的工作环境和接触的人不同，时常聊不了几句就找不到话题。这些年来，苏凌的朋友也越来越少了，当年的那些死党也只有逢年过节才会聚上一聚。锦城成了她生活的重心和依赖。

苏凌没想到这段殷实的婚姻，会让锦城几个月前参加的一场同学聚会变得危机四伏。聚会回来后，锦城常常躲在书房上网，还背着苏凌偷偷发短信。有一天晚上趁锦城睡着，苏凌忍不住偷看了丈夫的短信，发现了那个曾在他读书时相恋过的女人的名字，他们的暧昧字句顿时把她击得粉碎，他们是一直藕断丝连，还是死灰复燃？

苏凌强忍着愤怒没把锦城喊醒，自己却一夜没合眼。苏凌回想这几年的点点滴滴，真想不出来她除了嘴巴逞强、爱唠叨以外还有什么错。第二天，她忍不住问了锦城这件事，没想到他居然爽快地承认了，说他还爱着那个女同学。他说："我们的爱已经名存实亡了。但和她在一起，我们有很多的话题可以聊，也很开心，因为我们有共同语言。"

在物质需求得到满足后，精神需求就显得尤为重要。苏凌忽视了精神交流在夫妻中的重要作用。世上没有十全十美的人，也没有十全十美的婚姻，接纳爱人的不完美也是责任的一部分。锦城喜欢的"精神知音"未必就那样好。珍惜眼前人，发现问题积极面对才是婚姻中的两个人应该抱有的态度。

第一章 女人决定婚姻的样子

夫妻之间严重缺少交流，这种情形被称为"交流昏迷"。英国一项调查显示，受工作压力影响，即使每天都见面，但现在夫妻之间的交流也变得越来越少。在调查大约2 000名成年人后发现，有四分之一的夫妇每天交谈的时间不足10分钟。工作太忙，致使4%的调查对象完全忽视了伴侣；25%的人记不起上一次与爱人一起不慌不忙地共进晚餐是什么时候。三分之二的调查对象说，相比与伴侣在家共同做饭、吃饭，他们更享受用这些时间独自上社交网站、发微博。

1. 黄金交流期：每天10分钟枕边风

"快节奏的大环境下，谁都不能免俗。"结婚三年多的夏黛说，

"沟通不是难题，但如今最大的问题是内心没有以前那样悠哉。现在做什么都是直接追求高效率，包括交流也是简短、快速。"

夏黛的老公所处的行业有"加班文化"，他和夏黛在一起的时间还没有和同事的时间长，每天能见上半个小时就不错了。"有一段时间我们只能在半夜时分，两个人各抱一个被角，说说枕边话。夫妻间小声密谈，看起来很甜蜜，可后果是哪天聊到兴头上时，第二天一定有人上班会迟到。"夏黛说。

没有大段安静聊天的时间，那就抓住黄金交流期吧。夏黛发现，夫妻之间有两个最关键的沟通时间。"其实，它们也就是短短的10分钟而已，而且还被一分为二了。早上就是每天你们睁开眼但还没有起床的5分钟；晚上就是一天忙完，两个人睡觉前的5分钟。"

夏黛说，一般这10分钟自己只用来分享一些开心的事情，不

好婚姻，靠修行

然这一整天家庭的气氛都不好。"当然，谁都有不开心的事情，那么就等到之后有时间再慢慢聊吧。"

2. 不能"沉默是金"：要应景表达爱意

有句话叫"沉默是金"，但夫妻间如果也不苟言笑，甚至感到无话可说，那就得警惕了：两个人的关系是不是出现了危机？

夫妻每天都见面，但不意味着每天都有沟通。因为沟通分有效沟通和无效沟通。老婆一直念，老公充耳不闻，那不是沟通，那是唠叨与抱怨。现在多数夫妻，唯一的话题就是孩子，而好的夫妻关系是愿意把生活中的方方面面都告诉对方，与对方分享。沟通是一种情商，更是一个循环。感情不好一定是从沟通不好开始的，不交流的后果是感情淡漠，容易出轨。交流得好的夫妻一般都是感情比较好的，沟通得好还可以进一步加深两人的感情，这就形成了良性循环。

"口善应对，自觉喜乐；话合其时，何等美好。"美满的婚姻家庭最大的敌人就是夫妻双方缺乏沟通和交流。美满的婚姻家庭并不在意吃得好、穿得好、住得好、用得好，乃在乎谈得好、和得好、爱得好。智者说："吃素菜，彼此相爱，强如吃肥牛，彼此相恨。"只有良好的沟通，夫妻之间才能让爱情永固。

第一章 女人决定婚姻的样子

爱要亲密有间

人与人之间必须要有一定的距离，相爱的人也不例外。因此，爱要亲密，但不要无间。相爱的人要亲密有间，即使结了婚也应如此。所谓必要的距离是指各人仍应是独立的个人，并把对方作为独立的个人予以尊重。

婚姻之所以容易终成悲剧，就因为它在客观上使得这个必要的距离难以保持。一旦没有了距离，分寸感便丧失。随之丧失的是美感、自由感、彼此的宽容和尊重，最后是爱情。

两个人无论多么相爱，仍然是两个不同的个体，不可能变成同一个人。即使可能，两个人变成一个人也是不可取的。好的爱情有韧性，拉得开，但又扯不断。

云荞和航宁刚结婚时，二人真的是如胶似漆。老公航宁离开云荞哪怕一分钟，云荞都会紧追其后问道"什么事"或者是"怎么了"，总以为自己是关心爱护，却没意识到口气再温柔亲昵，毕竟

好婚姻，靠修行

仍带着审查盘问的意思。

有一天，航宁喝酒中途突然跑出去，几分钟后又快速跑回来，云荞照例认真地问怎么回事。不料，这一次航宁一反常态："就是不告诉你。"略停了一会儿，他才半玩笑道："昨天和一个女孩约好，今天中午12点在门前拐角处见面。这不，刚接了一个吻就回来了。"事实上，他只是出去买了一包花生米，但一句"不告诉你"就证明航宁在潜意识中想在精神上给自己留一间小屋，这是一种感情上的逆反，一种不领情的抵抗。再听听老公的心情告白："平常在外面，本想和朋友聚会，可一想到你的习惯，马上就变得兴味索然。老婆，你知不知道，你的过分关心几乎令我窒息……"这话令云荞顿感不妙，云荞可不想因为自己的爱而使丈夫不快乐。从此，航宁下班回来后如不主动汇报一天的活动详情，云荞也会收敛起无穷的好奇心，忍耐住猜疑和嫉妒心，不去追根究底，以保持航宁的自主权和自尊心。

终于有一天，老公在客厅里踱来踱去，他忍不住问道："奇怪，你怎么不问问我最近都干了些什么呢?"云荞很高兴地说道："我当然想听，但不包括你不想说的那些。"就这样，云荞以退为进，以守为攻，以静默的尊重赢得了与航宁共享秘密的权利。云荞明白，人都是需要倾诉的，男人也不例外。爱要亲密有间，不用那么火热，更不能那么霸道。

心灵相通，在实际生活中又保持距离，最能使彼此的吸引力持久。相爱者互不束缚对方，是他们对爱情有信心的表现。谁也不限制谁，到头来仍然是谁也离不开谁，这才是真爱。

第一章 女人决定婚姻的样子

女人总期望自己永远是男人手心里的宝，期望自己永远是那个"唯一"。可是，她们忘了渴望自由是每个人的愿望，爱他就应该给他自由和空间。

家是两个人相爱相守的地方，不是战场，更不是囚禁犯人的牢房。累了倦了，回到家，那里有个人，为你斟一杯清茶，递一条热毛巾；病了痛了，家是疗伤的憩园；开心了辉煌了，家是分享快乐的港湾。激情很短，日子很长，切记爱不可以太用力，亲密但不可以无间。

所以，想要拥有美满幸福的婚姻，就要营造好夫妻间的"距离美学"。婚姻中的男人和女人，在长相厮守中，保持一段最佳距离，保证足够自由的空间，使两个人有相互欣赏的余地，才会产生出美感。

爱，但不要"裸爱"。爱人之间应该有独立的空间，合理的自我，但是这种"设防"不是盔甲战袍，而是一件柔软的睡衣，它仿佛是一种隔离，又何尝不是一种新的诱惑？若即若离，正是情感保鲜的最好境界。

第二章
Chapter 02

你的婚姻你做主

幸福婚姻一定来自我们每个人正确的定位和慎重的选择。不要挑三拣四，不要期待"最佳人选"，遇上自己喜欢的人，就果断地做出选择吧！

第二章 你的婚姻你做主

什么样的男人不能要

1. 有暴力倾向的男人不能要

国际著名的婚姻大师泰普林曾用非常幽默的方式为单身女人讲授"择偶经",其中有一点便是:有暴力倾向的男人,女人千万不要碰。

如果你的男友或老公脾气很坏,有暴力倾向或有长期抑郁倾向,他迟早会把你当作他的发泄对象,甚至伤害你。有的女人说到对付这种男人时,还颇感自豪"只有我才对付得了他"。那是"精神厕所"式的关系的写照,而不是健康的成年人关系的写照。

2. 缺乏主见的"妈宝男"不能要

如果你是一位自强自立、注重自己的个性和独立人格并追求成就感的现代女人,那么,和缺乏主见的"妈宝男"结成秦晋之好,未必会结出幸福的好果子。

好婚姻，靠修行

　　诗曼在一所艺术幼儿园当舞蹈教师，她的前任男友宸颐对她一片痴心。宸颐的家境很好，爸爸是省某机关手握实权的人，妈妈是一所名牌大学的教授。自小宸颐就特别听爸爸妈妈的话，学业优异的他按照老两口设计好的路子读完研究生后，去了爸爸为他安排好的地方工作。

　　在宸颐与诗曼谈恋爱时，家里也顺着宸颐，只是对诗曼爱交朋友爱泡酒吧等的生活习惯很是看不惯，又不好跟未过门的媳妇讲，就让儿子转达。于是，宸颐便常常在诗曼面前"开导"她，还常说"我爸我妈说过……"

　　有时诗曼急了就问："那你说呢？"宸颐便会回答："我觉得我爸我妈说得对呀。"气得诗曼拿他没办法，自己的恋人怎么就这么没主见，开口闭口都是"我爸我妈怎么怎么说"，以后在一起，这句话岂不成了她的"紧箍咒"？虽然在他们一家的庇护下，也许以后的生活会过得很舒适，可自己却失去了自由。诗曼觉得这样的"好男人"并不适合自己，最终两人以分手告终。

　　像宸颐这样的"妈宝男"，没有主见，缺乏自己对事物的判断标准，会让你在以后的婚姻生活中饱受折断翅膀的痛苦。

3. 把女人当筹码的"押宝男"不能要

　　作为一个想要追寻幸福感的女人，务必要远离"押宝男"。在这类男人心目中，你就是他的一张华丽的"社交名片"。一旦你不能为他的社交目的添砖加瓦，他便会绝情地一脚把你踢开，另觅佳人。他们眼中看到的只有利益，他们并不会付出真正的柔情，更别说对你献出一颗真

第二章 你的婚姻你做主

诚的心。

家境贫寒的冰珂找了一个男朋友，是一家民营企业的小老板。麻雀变凤凰自然是一件皆大欢喜的事，男朋友在冰珂身上很舍得花钱，把冰珂从头到脚包装得华丽高贵。男朋友的娇宠让冰珂有点晕头转向。

每次男朋友带冰珂出席宴会、酒会等重要场合，在冰珂的服饰和发型上都是花了大手笔，这极大地满足了冰珂身为女人的虚荣心。但当冰珂生病或者心情不好的时候，男朋友却不体谅她，硬要冰珂陪他参加一些商业活动，应酬那些素不相识的客户。类似的事情发生的次数多了，冰珂发现自己的美貌成了男朋友招摇过市的一张名片，男朋友处处以她为荣，不过是为了装饰他的面子，成就他的事业。

俗话说："男人的筹码是金钱，女人的筹码是容貌。"这种一对一的关系还算是好的，更有甚者，大部分男人利用的就是女人的美貌。他和你恋爱，却不肯和你结婚；他和你上床，却不肯付出感情；他周旋在莺莺燕燕之间，你绝对不是他的唯一，他要的不过是你今日的容颜为他锦上添花，为他铺平前进的道路。

当女人的美貌成为男人的招牌，你是他的公关小姐，是摆在他桌上的一个花瓶，嵌在名片夹里的一张名片。花瓶的价值在于展现它的美丽，名片的价值在于引起别人的重视，两者的价值都是需要展示的。女人的容颜是自己的，不只是为悦己者容。你花了大把的银子在脸上、身上，却抗拒不了岁月的痕迹。没有一个女人忍受得了男人重视她的外表胜过她的内涵，容颜总会老去，等到你人老珠黄的那一天，他还会爱你吗？

4. "软饭男"不能要

在遇到"总是跟女人伸手要钱"的男人时，女人们要明白，他只是把你当作一个可以无限透支金钱和感情的银行。在你那里，无论他需要什么，你都会给他。可以无条件地爱固然是好，但前提是，你的基本要求已经得到了满足。更何况，男人骨子里都有大男子主义，即便你是家里的顶梁柱，赚得到足够多的金钱，时间长了，他也会觉得在人前抬不起头。那么，他就会通过各种方式发泄他的自卑感：批评、辱骂、愤怒，更有甚者会寻找地位比自己低的女朋友以满足他的自尊需要。

如果一个男人连养家糊口的能力都没有，那么他的家庭是不可能正常维持下去的。对于一个成家过日子的男人来说，可怕的不是他吃一时的软饭，就怕他一辈子都在吃软饭。

5. 有人格问题的男人不能要

吸毒、酗酒、冲动、嗜赌成性……这些恶习在男人的生活舞台上容易反复出演，跟有这些恶习的男人确立恋爱关系的女人，无论是爱情生活，还是婚姻生活，都将会过得一团糟。

有一些女人喜欢拯救人，终日幻想他有一天会浪子回头。事实是，他们每次恳求你留下来的时候，都发誓他下次一定会洗心革面、好好做人，但实际上并没有任何改变。

6. 自私的男人不能要

对于不考虑他人感受的自私男，女人也不要轻易招惹。一个男人小气、马虎可以接受，但自私的男人是坚决不能接受的。事事都把自己摆在第一位，从不考虑别人的感受，要想和这样的男人过一辈子，女人们一定要斟酌清楚。

7. 玩"棒子上的胡萝卜"的男人不能要

如果你想要追寻幸福的婚姻，那么，玩"棒子上的胡萝卜"的男人也是碰不得的。在通常情况下，这类男人不是比较优秀，就是腰缠万贯，或者是拥有一定的权力或势力……总之，在他们身上，有不少女人梦寐以求的东西。

这类男人往往会和你玩"胡萝卜和小毛驴"的把戏。他若是常常把引诱你的东西摆在你面前，你却总是像追逐海市蜃楼般永远得不到那个东西，你就是那头被主宰了的小毛驴。让你身在其中，乐此不疲，却并不知道自己只是别人的玩物而已。

所以，女人们要擦亮双眼，一旦察觉到男人在玩弄这种把戏，便要挥剑斩情丝，另寻好郎君。

好婚姻，靠修行

一眼选中"生活优质男"

如果说大多数男人把事业当成生命中最重要的组成部分，那么大多数女人会把爱情当作自己的全部。所以，女人一定要擦亮自己的双眼，去寻找人生中的另一半，因为这关乎着女人一生的幸福与命运。

那么，女人究竟要选择一个什么样的丈夫才能幸福呢？

现在很多女孩子的择偶心态是投资心态。在更加重视婚姻质量和生活品质的同时，婚姻观念也在发生着潜移默化的变化——婚姻在承载爱情的同时，更多地希望它是生活的保障。"结婚是为了寻找有能力的另一半。"

被称为美国汽车大王的李·艾柯卡曾担任过福特汽车公司的总裁。由于"功高盖主"，他被大老板亨利·福特开除了。艾柯卡无法承受这个打击。他在福特汽车公司工作了32年，当了8年的总经理，福特就像他的第二个家。突然间失业了，他内心的失落感和无助感可想而知。在这段最艰难的岁月里，善解人意的艾柯卡夫人始终照顾他、关心他,甚至为他放弃了自己的工作,不惜一切代价支持着他。

在艾柯卡夫人的努力与开导下,艾柯卡很快又振作了起来,应聘担任克莱斯勒汽车公司的总裁,把这家濒临倒闭的公司奇迹般地拯救了过来,使之成为全美第三大汽车公司。

选择男人,不一定要将目光紧紧盯在男人现有的几个钱上,而是要独具慧眼,发现他的发展潜力。不要担心他暂时没房没车,害怕跟了他会过苦日子。只要他有目标、有能力,就一定会有未来。一旦哪天他的才能得以充分发挥,他的事业就会蒸蒸日上,收入也会稳步增长。那时,两人的感情也会更具沉淀感。与这样的男人生活在一起,才会让女人更有安全感和成就感。

女人们一定要练就慧眼识珠的能力,从一开始就寻找到那只最有价值的"绩优股"。当然,如果传说中最理想的"绩优股"迟迟没有出现,也不妨选择一只最有希望的"潜力股",经过长时间的经营,同样可以获得良好的收益。

李安大学毕业后,在美国开始了长达六年的等待,靠身为药物研究员的妻子在外工作,养家糊口。每天他在家除了大量阅读、看片、埋头写剧本以外,还包揽了所有的家务,负责买菜做饭带孩子。

在拿了奥斯卡小金人后,李安和太太到华人区买菜。有个女人对李安的夫人林惠嘉说:"你命真好,先生现在还有空陪你买菜!"不料,林惠嘉反驳道:"你有没有搞错,是我今天特意抽空陪他来

好婚姻，靠修行

买菜的。"

　　李安说，以前穷困时，是老婆一直在背后支持他的事业，给他信心，现在自己当了导演，在外面"耀武扬威"，回家做收心操，煮煮菜，平衡一下。

有人说，女人前半辈子属于自己，后半辈子属于丈夫和孩子。女人只有选对了男人，才会更幸福。

第二章 你的婚姻你做主

用"心计"赢得爱情

　　爱情战争中的"谋略课"对于女人来说是一生中很重要的一门功课,能否把这堂课学好关系着女人一生的幸福。因此,女人应该在这上面多花费一些精力,多使用一些小"心计",让爱情之花为女人们带来更多的滋润。

　　获得爱情也要讲求一定的策略,有"心计"的女人们深谙此道。她们会显山露水地把自己的魅力展现在心爱的男人面前,然后用柔情、赞美、学识、品位赢得男人的心。

　　有时候,为了得到自己所爱,总会耍一些小"心计"。这不仅不可悲,反而是一种积极努力的表现。

　　妙萱暗恋若城已经很久了,但是从没对若城提起过,妙萱害怕被若城看轻,更害怕被若城拒绝,因为在妙萱眼中,若城是那么出色。若城相貌清秀、举止潇洒,毕业于名牌大学,刚进公司一年便当上了部门主管。若城几乎是公司里所有未婚女职员心目中的"白马王子"。妙萱知道自己只是一个平凡的女孩，她没有其他女同事漂亮，也没有出色的学历，更没有骄傲的家世。但是妙萱知道，她有一颗真正爱他、了解他的心。所以，妙萱虽然没把"爱"字说出口，但却从来不曾停止用自己的方式爱他，因为妙萱相信总有一天，若城一定可以感受到这份真挚的爱。

当别的女同事总是借故找若城聊天、约他看电影、给他买礼物的时候，妙萱却只是不经意地对若城说一些关切的话：雨天出门不要忘记带伞，天气转凉要多添几件衣服，出差时一定要按时吃饭……

有一次，妙萱不小心听到若城与父母在打电话，原来若城的父母已经坐上了火车，从异地的乡下来看他，第二天一早便到。此时，若城正要出趟差，要三天后才能回来。正当若城苦恼第二天该找谁帮他去车站接父母的时候，妙萱和他说："交给我吧，正好明天早上我要去车站办点事情。"于是，在若城出差的那三天时间里，妙萱带着若城的父母转了好多地方，让两位老人真正体验了大城市的繁华景象。等若城出差回来后，父母对妙萱赞不绝口。若城向妙萱道谢时，她报以温柔的一笑。

后来，妙萱终于在其他女同事诧异的目光中成了若城的女朋友。

若城是个十足的工作狂。工作起来常常废寝忘食。看着他如此不关心自己的身体，妙萱心里很是着急。可是，她知道若城对工作的执着，所以不能强行限制他工作的时间，只能利用各种借口骗着、哄着让若城多吃一点，多休息一下。虽然若城也会嫌妙萱唠叨，但最终还是会乖乖听妙萱的话。

后来，公司新来了一位漂亮、热情的女职员，她也看上了若城。若城很粗心，把女同事的爱意当成了同事之间友情的表达。而妙萱却知道，自己的爱情正在经历着考验。妙萱没有直接问他，而是主动和这位女同事做朋友，并且旁敲侧击地让她知难而退。最后，女同事只好知难而退了。

有时候，妙萱也在想自己使用了这么多"心计"，这份爱还纯粹吗？后来，她又转念一想，世间哪有如水晶般透明的爱情呢？又有谁的爱情里不掺杂着人间烟火、人情世故呢？恋人之间的关系是爱情创造出来的，但是爱情不能解决恋人之间发生的所有问题，所以用一些"心计"来弥补这些缺憾，又有何不可呢？

这里所说的"心计"与"为达目的不择手段"的心计是大相径庭的，爱情中的"心计"更多的是一种智慧、一种技巧、一种境界。因此，在斩获爱情的道路上，你也不妨利用一些小小的"心计"，这样，你的胜算一定会增加几分。

那么，女人要用好"心计"需要哪些条件呢？

1. 知己知彼，方能百战百胜

女人心，海底针。男人总是搞不懂女人心里到底在想些什么。其实，女人也一样好奇恋爱中男人心里的那个密码究竟该如何打开。如果你掌握了"芝麻开门"的咒语，就能读懂他的心思，然后出奇制胜。

2. 有良好的心态

在追求爱情的过程中，如果你经常感到自卑、不懂得宽容、总是疑神疑鬼或者妄想把男人改造成你想要的模样，又或者面对失败的恋情不能及时调整情绪而失态，那么你就很难获得理想中的爱情。

3. 修炼让他过目难忘的容颜

"以貌取人"说起来似乎有些令人反感，但这是一个客观存在并且谁也回避不了的事实。在这个盛行包装的时代，女人的容貌有时候确实很重要。不过，即使你相貌平平也没关系，只要你懂得得体地装扮自己，那么也会有很大的机会让他在你面前停下脚步，然后再慢慢陶醉在你的内涵和修养之中。

4. 给他"温柔的一刀"

常言道："英雄难过美人关。"但是，让男人沉迷其中的这个"美"字不仅仅是女人的"貌若天仙"，女人与生俱来的柔情似水更是对这个"美"字的更好诠释。水的柔软是无以复加的，同时它的柔韧也是无坚不摧的。做一个似水般充满柔情的女人，一定会让他深陷在你的温柔乡中。

5. 用另类的风情吸引他

女人们或美丽迷人，或温柔体贴，或独立坚强的品质深深地吸引着男人们，如果你还能再适当地添加一些另类的因素，比如性感、风情、个性，那么你的魅力必定无人能挡。

6. 优雅让你获得他的尊重和欣赏

都说，优雅的女人，不止让男人心动，也会让女人心动。优雅的女人会让人感觉如沐春风。如果你足够优雅，足够高贵，更容易获得男人的尊重和欣赏。

7. 不断修炼"腹有诗书气自华"的内在品位

知性女子可以无视岁月对容貌的侵蚀，她们乐于思考，内涵丰富，勇敢自信。"有内涵，有主张"的女人更有魅力。

8. 让他被你的高情商所俘

哈佛大学的研究表明：成功的因素20%来自智商，80%来自情商。情商在爱情及婚姻中同样非常重要。要想让你的爱情稳固，你必须做一个能够控制、调配自己情绪的高情商女人。

女人大多天生心思细密，在对待结婚这件人生大事的时候也要发挥出这个特长。当你遇上自己的白马王子时，千万不要犹豫，用你的小"心计"去赢得你梦想中的爱情。

好婚姻，靠修行

婚姻是爱情的延续

如果说谈恋爱是时时刻刻的浪漫，那么，婚后就该把当年那些浪漫慢慢加以延续，然后恰如其分地去点缀生活。这是理智的思维，是成熟的表现。

结婚以后，特别是有了孩子，女人不能把自己的爱全都倾注在孩子身上，而忽略了对丈夫的爱。因为婚后的爱情也需要不断培养，否则就会出现感情危机。婚后多了份理智，但不能少了激情。夫妻有充足的时间相处，就应当牢牢抓住对方的心，既从从容容过着平淡的日子，又少不了浪漫的气息，那才是怡然自得的婚姻，是和谐快乐的生活。

　　冰岚和伟琦的爱情是当年校园里的一段佳话，两人高中时就彼此有意，进入大学后正式开始谈恋爱，然后结婚生子。在一次同学会上，同学们让冰岚和伟琦同来，结果赴宴的却只有冰岚一个人。不得不承认，昔日清丽逼人的冰岚如今却衰老得比任何人都厉害，而且还不修边幅。

第二章　你的婚姻你做主

同学私下问她老公怎么没来，冰岚说懒得叫他，他们都是各忙各的。同学要看她老公的照片，她笑了笑，从手机里翻出来一张和老公半年前的合影。然而，昔日的校草伟琦也像是换了一个人，没有了往日的精神和风采了。

马尔克斯说："人的衰老是从拒绝恋爱开始的。"进入婚姻的我们，常常因为"结婚就是平淡过日子""婚后没有爱情，只有亲情"的论调，而渐渐放松了对自己的要求。清晨起床口中的浊气，老旧褪色缺少弹性的内衣，随意打发的一日三餐，因为"省钱"而不去旅行、看电影，拒绝一切浪漫情调，所有的这些都在渐渐消磨着婚姻中的激情，也让婚姻中的两个人变得一天比一天无趣、寡味。

谁说夫妻之间不能保持恋人的状态？婚姻就如同娇艳的玫瑰，唯有细心培育呵护，才能茁壮成长，绽放得更加持久。而那些懒惰的园丁，注定会错过花园的美景。

迎荷最近很是烦恼，她向闺蜜诉苦："结婚以后，我和丈夫交流的时间越来越少。我曾试图走进他的内心世界，替他出谋划策，分担他一部分工作上的压力，可他压根就不让我了解他工作上的事。时间一长，我也懒得过问他的事了。起初，我以为他有外遇了，但事实上并没有，我觉得我们彼此的心灵距离越来越远。我真不明白为何夫妻之间沟通起来会如此困难，往日如胶似漆的两个人怎么会变得如此陌生……"

热恋中的男女总是如胶似漆的，而一旦结为夫妻，日常中的话语就变得非常简单了。大家都认为配偶已是自家人,彼此相爱,天经地义,何必再不厌其烦地说那些甜言蜜语呢?久而久之,这就会给婚姻和双方的心理带来问题。然而,夫妻双方都要学会共同创造新生活,多创造交流感情的机会,改善家庭生活质量。

婚姻并不是爱情的终结,而是爱情的延续,双方不断地发展和培养婚前的那份恋情,平凡的生活才会变得其乐融融。

第二章 你的婚姻你做主

父母的话要学会选择性地采纳

　　父母是最关心自己子女婚姻幸福的人。父母之所以会告诉我们要选择门当户对的婚姻,是因为他们认为这有可能是让我们的婚姻生活过得好的最佳选择。

　　"门当户对"是老一辈最主要的婚姻观之一,但在经历了太多"门不当,户不对"之后,提倡恋爱要自由、门第无差距的"80后"逐渐接纳了父母的观点。只有23.35%的人完全否定这种观念,而将近60%的人表示会严肃考虑父母的意见,甚至完全尊重他们的想法。

　　　钱怡从小就是个乖乖女,而且人长得也漂亮,她身边不乏爱慕者和追求者,可钱怡却对他们毫不动心。直到有一天,荣昌的出现,打破了钱怡内心的平静。荣昌能说会道,很讨女孩子欢心,他总会出其不意地送钱怡一些小礼物,跟他在一起让钱怡觉得特别开心。

　　　钱怡的恋情遭到了父母的反对,他们认为荣昌只会甜言蜜语,

好婚姻，靠修行

而且他的家境和自己家相去甚远。但荣昌穷追不舍，每天会站在钱怡家楼下等她。最终，荣昌的痴情打动了钱怡。钱怡觉得只有和荣昌在一起，生活才会有意义，自己才会幸福。父母拗不过倔强的钱怡，默认了她的决定。

刚结婚的时候，钱怡被爱和温暖包围着，她觉得自己就是天底下最幸福的女人。一段时间后，荣昌说要好好努力，做出一番事业来，让钱怡过上好日子。

钱怡的妈妈知道后，悄悄拿出了两万块钱交给女儿，让她在紧要的时候用。钱怡和荣昌在城里租了一个门面，夫妻俩起早贪黑地开起了小吃店。

然而，小吃店的客源很少，在坚持了一段时间后，小吃店便关张了。荣昌又说想要开个超市，钱怡便把母亲给她的两万块钱拿了出来。可是，有一天荣昌外出归来，却说那两万块钱不小心被小偷偷走了。所以，原本计划中的超市也没有开起来。

夫妻俩落魄地回到荣昌家，钱怡找了新的工作，每个月的钱都交给婆婆，可是婆婆却对钱怡百般挑剔。荣昌开始酗酒，婆婆不仅不劝，还经常在荣昌面前说钱怡对自己如何不好，于是，荣昌便会不分青红皂白地打钱怡。荣昌在外面鬼混，不好好工作，还满嘴谎言，到处骗人钱财。他总有各种借口半夜回家，稍有不顺，就对钱怡又打又骂。此时的钱怡悔不当初，因为这一切都是她自找的。

恋爱是浪漫的，婚姻早已不再需要"父母之命、媒妁之言"。但是，年轻人在婚恋的过程中，父母会不可避免地要发表自己对儿女对象的看法。当然，并不是父母所有的意见都是对的。

第二章 你的婚姻你做主

"我的婚姻不幸福，都是因为太听父母的话了。"尔萃来自农村，她的家庭条件不是很好。高中毕业后，尔萃就来到省城打工，并在城里谈了一个男朋友，两人感情很深，可男方家却嫌弃尔萃来自农村而极力反对。

失恋后的尔萃受到了很大的打击。本以为女儿可以嫁到城里，父母肩上的担子也能轻不少，谁知却不尽如人意。于是，尔萃的父母请来算命先生为她算命。算命先生说尔萃必须晚婚，否则即便成了家也会离婚的。尔萃听了父母的话，六年没再谈恋爱。

眼看尔萃已经迈入30岁的门槛了，父母开始着急，四处托人给她说媒，在亲戚的介绍下，尔萃和城郊的男孩平潮相了亲。尔萃本不同意，可父母却说平潮为人老实孝顺，又是亲戚介绍的，知根知底，嫁过去肯定不会受委屈。在双方父母的安排下，两人认识三个月便结了婚。

一年后，尔萃怀孕了，平潮把自己的父母接到了家里，说是将来可以帮忙带孩子。当尔萃生下了女儿时，婆婆当时就拉下了脸。

女儿周岁时，尔萃开了一家小超市，但她只负责经营，钱的事都归平潮管。公婆希望尔萃能再生个孩子。尔萃理解他们盼孙子心切，因为平潮是家里唯一的儿子，就答应了他们。后来，尔萃再次怀孕。怀孕之初，尔萃反应强烈，就和平潮说想休息几天，婆婆却极力反对，说谁没生过孩子，这点小事就叫苦连天。无奈，尔萃只好拖着虚弱的身体一边带孩子一边开店。

尔萃和平潮本来就没什么感情基础，加之平潮对尔萃总是漠不关心，更别说照顾了。尔萃委屈地哭过很多回，从那以后，她一直心情抑郁，身体就变得更加的虚弱。后来，尔萃流产了，婆家却要

好婚姻，靠修行

尔萃再怀一个。面对这样的家庭，这样的处境，尔萃伤心欲绝。她说，自己后悔听了父母的话，嫁进这个家。可事已至此，只能以孩子为重，凑合着过日子吧。

父母的话应该选择性地听，婚姻是自己的，如果父母说得有道理，做子女的当然要参考父母的意见，年轻人有时候只在乎爱情，而不在乎面包，有的只是激情、浪漫。父母比孩子有人生经验，所以应多多参考他们的意见，避免以后过起日子有太多的失落。当然，作为年轻人也要有自己的主见，毕竟日子是自己过的，幸福应该把握在自己手中。

第二章　你的婚姻你做主

幸福就是嫁对人

很多女人都把婚姻当成是自己的第二次投胎。她们信誓旦旦地说："对于选老公，我是'宁缺毋滥'！如果这辈子找不到'真命天子'，我会将单身进行到底！"

为了寻找心中那个对的人，有些人虽然早已过了婚嫁年龄，但迟迟不愿步入围城，"如果我现在结了婚，我怎么知道将来还会不会有更好的对象出现？"

但如果因为怕后悔，而不愿去结婚，白白浪费时间不说，还忽略了一个可怕的事实——新发现的对象越来越好，自己的条件越来越差，年龄也越来越大。

有一个人浪迹天涯，坚持要找一个最完美的人结婚。终于，皇天不负苦心人，他找到了。可是，他仍然没能结成婚。因为，那个最完美的人告诉他，她也正在寻找自己心目中最完美的人！

幸福婚姻一定来自我们每个人正确的定位和慎重的选择。不要挑三拣四，不要期待"最佳人选"，遇上自己喜欢的人，就果断地选择吧！

尽管他和别人相比不一定是最好的,但他是最适合你的,他是你不小心弄丢的那块拼图,有了他,你的生命才会完整。

人生中随时都有机遇,但是,不要为了等待最佳人选而丢弃了自己的幸福。熙熙攘攘的人群中,只有那个最关心你、最迁就你、最懂得疼你的人才是对的人。

幸福其实就把握在自己手中,但生活中有许多女人,虽然明知道爱情来了,却因为有这样或那样的顾虑,错失了许多良机。聪明的女人要学会该出手时就出手,不要错失了大好时机。敢于用智慧、温柔、善良来追求幸福的女人,更有能力把握好自己的未来。

第二章 你的婚姻你做主

享受独处的好时光

多数单身的女人都害怕独处。面对孤单，她们会惶恐不安，她们不愿意面对被遗忘的处境。

可是，她们总有落单的时候，休息日约不到朋友，男友还没出现或者临时出差；女性朋友要去陪她的男友，那些单身的玩伴也有别的事情。落单的你要怎么办？与其数着秒算时间让自己过完不愉快的一天，不如学会独处，试着和寂寞跳支舞。一个人的世界可以很落寞也可以很精彩，就像那句很流行的网络签名——"孤单是一个人的狂欢"。即使在一个人的时候，你同样也可以让自己很快乐。

其实，独处的时间能让人静下心来整理自己的思绪，给人带来百分之百无打扰的真空好感觉。

幻好最近去参加了一堂情商成长课，培训师让大家做了一个游戏：大家可以在教室里找一个单独的空间坐下，不能说话，也不能离开，限时10分钟。一向风风火火的幻好马上行动了起来。30秒

好婚姻，靠修行

时，她开始四处张望，看看同学们都在干什么；3分钟时，她有些蠢蠢欲动，摆弄着手机，心想今天怎么没人找她；5分钟时，她突然记起来要给客户打电话讨论某个广告方案，她开始变得坐立不安；8分钟过去了，她无奈地看着培训师，挤眉弄眼地示意能否快点结束这场"折磨"。当时间一到，幻好发现自己和周围的同学不约而同地松了一口气，教室里立刻变得嘈杂了起来，仿佛要将刚才那10分钟的宁静补回来。

这时，培训师问道："请大家计算一下，在刚才的活动中，你们一心一意地跟自己相处的时间有多少？"幻好的答案几乎为零。这时她才恍然大悟：自己一直在客户和朋友圈里游刃有余，这下却遇到了最难相处的对象——自己。其实看看周遭，你就会发现，和幻好一样的女性大有人在。

独处的时光是完全属于你一个人的，你爱怎么用就怎么用。一个人的独处可以有很多状态，可以读一本书、画一幅画、听一段音乐、看一场电影，也可以整理你的衣橱、试遍所有的衣服、做一次大扫除，还可以蜷缩在床上看着天花板发呆、翻翻旧照片、看看肥皂剧、玩玩游戏。独处的方式因人而异，只要你诚实地面对自己的内心，用独处的时光满足它被忽略已久的存在即可。

伍尔芙说过，女人要有一间"自己的屋子"。那里有属于你自己的秘密花园，你可以胡思乱想、为所欲为，没有人会打扰你，也没有人会责怪你。"独处"正是你通往这间"屋子"的必由之路，聪明的你又怎么可以放弃这样的机会呢？即使你已经习惯了身边的喧嚣、热闹和有人相陪，也不要将自己的心灵堡垒轻易废置，你要不时地修葺、完善它，才能让它变得更加能经受得住风雨，而独处为你提供了这样一种机会。

  文静的笑菡在失恋之后，突然变成了活动达人，流连于各种聚会派对中，大家都惊讶于笑菡的变化。每次热闹过后回到家，笑菡都有种更加强烈的落寞感。没有了男友的陪伴，笑菡很害怕一个人吃饭、一个人逛街、一个人看电影。于是，她选择跟朋友们混在一起打发时间。害怕独处，让笑菡找不到一个人生活的坐标。

一群人的世界是热情洋溢，两个人的世界是温暖浪漫，一个人的世界是悠然自得，当然也可以精彩无限。选择怎样的生活方式是你的事，但是别忘了前提是让自己快乐，即使独处也一样。

一个心理成熟的女性应该有能力跟自己好好相处，因为"独处"的好处实在是太多了。

1. 独处给予更多的内省空间

一个人的时候，正是跟内心对话的最好时机。你可以自言自语地说：我是一个什么样的人？我正在经历什么样的人生？我想要过什么样的生活？试着倾听当下最真实的心声，接纳此刻最完整的自己，以更宽容平和的心境来面对这个世界的人和事。

2. 独处能帮助你理清思绪，扫除负面情绪

瞬息万变的世界已经耗费了我们太多的心力，而复杂烦乱的人情世

好婚姻，靠修行

故也往往让人情绪烦躁。我们就像一台高速运转的电脑，启动了太多的应用程序，处理速度便开始直线下降。独处，就像大脑在不堪重负之时启动的心理垃圾回收机制，帮助清理冗余信息，比如负面情绪、混乱思维，从而释放出更多的内存，这样，大脑就能更加轻松高效地运作了。

第二章　你的婚姻你做主

独立的女人最可爱

　　作为一个女人，可以不漂亮，可以很平凡，可以没有显赫的家庭和富足的生活，但你必须独立。即便是已经嫁作人妇，不管嫁的是富是贫，也应该独立。因为，女人只有自己独立了，才会活得有底气，才会活得自信满满。那些独立的女人是最可爱的，独立的女人也活得最轻松。当然，独立的女人，也是最让男人深爱和尊重的。

　　女人的独立，不是说要单身，也不是说要做女强人，而是要学会在精神、经济和生活上独立。"独立"也是自爱的表现，你爱自己，男人才会更爱你。

　　独立的女人有自己的工作。有自己的事业，虽然不一定轰轰烈烈，但是每天很充实。独立的工作使她有独立的经济基础，不再依靠男人的怜悯和施舍，使自立、自强、自尊、自信有了足够的物质基础。一个没有工作、没有收入的女人，即使有美丽的容貌也无法改变自己的弱势困境，精神上的空虚使她很无聊，物质上的贫乏使她仰人鼻息，只能沦为男人的附属品。

好婚姻，靠修行

丛蕙从小就接受传统教育。父母对丛蕙的期望是毕业后就结婚成家，婚后在家相夫教子做个贤妻良母。但是，当大学毕业后，为了追求自己的爱情和理想，丛蕙去了边远城市的一家研究所上班。父母虽然反对丛蕙的选择，但也只能默默接受。因为远离父母，又总觉得亏欠父母，所以工作以后的丛蕙从不向父母要钱。丛蕙和丈夫是同事，两个人的工资微薄，加在一起也只能勉强度日。

独立在外丛蕙意识到这个世界上没人可以依靠。于是，她慢慢开展起自己的副业，出去讲课挣钱。后来，丛蕙成了一位知名的演讲大师，还开办了自己的培训公司，专门给别人讲课。

女人想依赖是天性，但"独立"是被逼出来的。女人不要事事都依靠男人，你应该知道男人不是天，没有你想象中那么能干。所以，女人要想幸福，就一定要独立。独立的女人有自己独立的思想，独立的女人更成熟。她们不随波逐流，不因循守旧，不会因独立而孤芳自赏，对工作、家庭、生活有自己的看法和理解。

冰茜和奇楠是大学同学，结婚之后感情也非常好。婚后，冰茜为了能让日子过得红火，过上有房有车的幸福生活，就让奇楠辞职，下海经商。当时这个决定是不符合奇楠的心意的，但是奇楠因为对冰茜的爱，还是决定辞职下海。奇楠在创业初期的工作是既辛苦又忙碌。冰茜为了更好地照顾丈夫和孩子，就辞去了自己公务员的工作，全心全意在家做起了全职太太。

奇楠的公司越做越大，赚的钱也越来越多。冰茜最初的愿望也得以实现了，但她却变得惴惴不安起来。冰茜说："我每天都很担心,总感觉丈夫在外面有了别的女人。我还时常在丈夫睡着之后,去偷看丈夫的手机。我现在真的很害怕,有朝一日,丈夫跟别的女人跑了。"已经40岁的冰茜在过去的十多年间每天在家洗衣服、做饭,她对外面的世界一无所知,和丈夫的共同语言也变得越来越少。万一哪天丈夫不要她了,她就彻底失去了经济来源。于是,冰茜开始想方设法地控制老公,要求老公不能单独与女人在一起出差,要求丈夫每两个小时往家里打一个电话,等等。一开始,奇楠还会按要求照做,可是时间长了,奇楠就开始不再接冰茜的电话了。他经常出差,甚至连回家的次数都变得越来越少了。

冰茜实现了自己有车有房的梦想,但是为什么现在会感到这么不安呢?那是因为她把自己的梦想放弃了,把自己的全部期望都放在了丈夫身上。她放弃了自我,将自己的幸福完全寄托在丈夫身上,所以冰茜注定离不开丈夫。当你越离不开一个人,你就越想控制他。所以,冰茜才想控制奇楠,才会失去理智。然而,令冰茜不解的是,自己的这种行为会让丈夫反感,甚至产生厌恶。

我们大部分人总会理所当然地同情弱者,认为妻子为丈夫付出一切,到头来却被丈夫抛弃。可是,我们仔细想一想,其实是妻子自己先放弃了自己,将自己的幸福完全寄托在丈夫的身上。

因为一旦丈夫终止"合作",你最多只能得到经济上的赔偿。但这并不是你的初衷,你所期望的荣誉、信念被毁掉了,青春岁月回不来了,还有什么比这更令女人难受的呢?但事业、工作、爱好则不同,你付出了时间、精力,它们就会赋予你信心、能力、财富和乐趣。有了信心,未来才能被你掌握;有了能力,任何人也拿不走;有了财富,它可以换取更多自由及社会的尊重。

因此,妻子不要一味地只"建造"丈夫的世界,把他的世界当成自己的世界。丈夫的成功固然很重要,但不要为了他牺牲掉自己的一切。婚姻不是支撑女性走在幸福路上的坚实的拐杖,也不是让女人过上快乐生活的唯一支柱。

中国的许多女性都把丈夫的人生当成了自己的人生,似乎结了婚之后,双脚就不再走自己的路,而是每一步都踩在丈夫的脚印里。丈夫说什么,自己就信什么;丈夫追求什么,自己就需要什么。失去了自己独立的精神以及独立思考的能力,将自己人生的方向盘交到丈夫手里。如果碰上负责任、有担当的男人还好,但如果不幸遇到个不可靠的男人,那么你就只能以悲剧收场了。

第三章
Chapter 03

好婚姻，靠修行

婚姻不是最终归宿，幸福的婚姻才是真正的目的。婚姻不在于选择合适的人，而在于让对方变为合适的人。

第三章　好婚姻，靠修行

懂老公，做天下最幸福的女人

　　干得好，不如嫁得好；嫁得好，不如经营得好！婚姻是女人一生中很重要的事业，需要女人用心去经营。

　　爱情是浪漫的，而婚姻是现实的。聪明而又知性的女人除了要善于以人妻的角色用心融入柴米油盐酱醋茶的婚姻生活，更要以一双慧眼看透老公的心思和性情，学着去品读男人，做一个懂老公的女人。

　　有一个理解自己、支持自己的妻子，是男人的梦想，更是一个男人拼搏的最佳动力。懂老公，与老公的梦想产生共鸣，与他分享喜悦、分担痛苦，是做一个好妻子的义务，也是在婚后进一步赢得老公青睐的基础。

　　女人不要把羡慕的眼光向外投射，甚至嫉妒别的女人比自己命好，嫁了一个好老公，而哀叹自己命薄无福。古人云："临渊羡鱼，不如退而结网。"与其纠结于他人比自己婚姻幸福，自怨自艾，不如用心经营婚姻，纠正自己在婚姻相处中的不足之处，做一个懂老公的睿智女人。

　　夫妻之间贵在相知。有人说，男人是泥，女人是水。给你一把泥，如何拿捏，要看水的多与少：水多了，和稀泥；水少了，难以成形；只有水恰到好处，捏出的泥才能有棱有角、有形有态。男人和女人组成家庭，家庭幸福与否，很大程度上取决于女人是否知道如何去做一个好太太。

家，本来就该是男人完全放松的地方，一个可以停歇的港湾。当男人辛苦工作了一天回到家中，好妻子会以笑脸相迎，问候几句以缓解他的工作压力。好女人不只是为自己，她更懂得尊重男人、理解男人。

要理解男人，就要做到以下几点。

1. 相信男人的勇气和决心

任何一个男人都希望自己事业有成，或许他们付出了很多，却没有得到丰厚的回报。女人要给他拼搏的勇气，鼓励他不要放弃，让他找回自信。

2. 学会给男人减压

男人要承担起养家的重任，压力会让他窒息。女人一定要学会理解男人的心情，开导他，让他用积极而又乐观的心态面对生活，用温柔感染他那颗烦躁不安的心，让他领悟到生活即将变得更加美好。

3. 学会尊重男人

男人把面子看得比生命还重要。在一些大型场合，女人要学会维护男人的尊严。

第三章 好婚姻，靠修行

4. 学会呵护男人

男人的心其实很脆弱，他们受了伤，却并不想让人知道，而是独自一人承受。女人要像呵护孩子一样去呵护他们那颗受伤的心。相信在她的安慰下，他会很快痊愈。

5. 学会给男人空间

当男人想要一个独立的空间时，女人要学会理解，一定要大度放手，让他去飞。因为只有当他飞出去的时候，他才能感受到外面的世界很精彩。

6. 学会倾听男人的心声

不是每个男人都善于表达自己的情感，也不是每个男人都愿意讲出自己心声。女人，要学会理解，引导男人说出心里话，男人说出了闷在心里的话，他就不再会觉得苦，而是感觉到一种幸福。

当然，夫妻之间，需要的是彼此珍惜，彼此信奉，可贵的是彼此依靠、相互依偎。夫是妻的盾，妻是夫的牌，一对相爱、相知、相守的夫妻，便是一块坚硬而又经得起风风雨雨的盾牌；家是温馨的港湾，家是幸福的源泉，家是永不磨灭的星光，家是永不凋谢的花朵。努力学着让自己做一个懂男人的女人吧，这样你会更幸福！

好婚姻，靠修行

婚姻中没有赢家

要做婚姻的胜利者，就让你和你的对手都赢。如果一方总想在婚姻中获胜，那是一件很危险的事情，这很可能会导致婚姻破裂。所以，当你在一场争斗之后得意地品尝"胜利的果实"时，不要忘记，这些"胜利的果实"已然浸润了毒汁，正在毒害着你的婚姻。

婚姻中并非没有名副其实的胜利者，但胜利的结果永远是双赢。要做婚姻的胜利者，就让你和你的对手都赢，那更是一场需要智慧的高级游戏，玩得得心应手，才称得上是真正的赢家。

忆梅和男友越鸿都是火暴脾气，母亲曾对忆梅说，结了婚以后，你得多让着越鸿，他脾气不好，要不然到时候你会跟着生很多气。那时的忆梅没往心里去，只觉得他对自己还是不错的，不至于那么严重。

忆梅和越鸿结婚后，越鸿被派到了外地工作，二人便开始两地分居，不知生活深浅的他们满怀信心，相信一定会幸福！他们有的

第三章 好婚姻，靠修行

只是思念，有的只是短暂相聚时的喜悦，好不容易见一次面，高兴还来不及呢，哪顾得上吵架拌嘴，日子过得幸福着呢！

后来，越鸿调了回来，两个人真正生活在一起了，相互之间却突然多了很多不适，隐藏着的坏习惯和小脾气都慢慢地"跑"出来了。原来的甜蜜和幸福仿佛一瞬间就远去了，只留下了对彼此的不满和烦躁！为了一点鸡毛蒜皮的小事，两天一小吵，三天一大吵，原来那份亲密的感情被无休止的争吵冲淡了！都年轻气盛，觉得自己占理，却从没有想到要站在对方的立场上为对方考虑一下。

日子一天天过去，随着孩子们渐渐长大，二人也慢慢学会了忍让，学会了换位思考。很多次一触即发的争吵以对方甘愿认输，少说了一句话而消停；很多次，面对忆梅的唠叨，越鸿只是皱了皱眉头，就跑去忙这忙那了；有时越鸿心情不好发脾气时，忆梅一改往日对他的反感和说教，而是顺着越鸿，不再和他针锋相对……

婚姻中没有永远的赢家，相爱更要相让。生活中很多看上去婚姻美满的男女最终还是分手了，不是因为他们不够相爱，而是因为他们不懂得相让。要让美满的婚姻延续下去，我们不但要相爱，更要相让。

霄霄跟朋友聊到她的婚姻时，总会得意地说："每次我和我老公吵架都是他先认错，一次不行还得两次三次，原不原谅全看我的心情。"霄霄在婚姻里似乎是永远的胜利者。

当然，霄霄的老公也有不认错的时候，这时她就会使出她的撒手锏——"性惩罚"，老公无奈只好缴械投降。霄霄因此更是得意地向别人传授控制老公的经验。

69

好婚姻，靠修行

  有一次，夫妻俩又吵架了，霄霄发现自己的老公居然在沙发上睡了半个月都不肯低头，在霄霄的"严刑逼供"下，老公终于承认自己出轨的事实。然而，让霄霄愤愤不平的是，那个女人无论在哪个方面都不如自己。

  霄霄坚持要离婚，在霄霄看来，丈夫的行为不是破坏了婚姻，而是玷污了她的人格、她的尊严，所以不管老公后来如何认错，霄霄都丝毫没有动摇离婚的决心。

  当朋友们再次见到霄霄时，发现离婚后的她消瘦了很多，但霄霄却坚持说她赢了，争到了房子和所有的存款。对于这样的胜利，朋友们都不知道该说些什么。

  绝对的自我和夸大的自尊践踏了配偶的尊严，谋杀了夫妻之爱，成为这些追求胜利者自我价值的证明，成为他们获胜的战利品。这样的爱其实已经变质，用不了多久，爱就在你败我胜、你死我活的争斗中远远地逃遁了。在婚姻中，不惜一切代价追求胜利的人，内心大多是脆弱的，他们活得并不轻松。在事业上追求成功，内心还会有充实感，即使失败，也不失人生的豪气；在婚姻中追求胜利，除了短暂的得意，剩下的恐怕就是无穷尽的不安宁了，而最终只能以个人的貌似胜利和婚姻的悲剧结束。

第三章　好婚姻，靠修行

白头偕老的秘密

婚姻有三重境界：第一重境界，和一个自己所爱的人结婚；第二重境界，和一个自己所爱的人及他的习惯结婚；第三重境界，和一个自己所爱的人及他的习惯，还有他的背景结婚。

处在第一重境界的夫妻，婚姻相对稳固；处在第二重境界的夫妻，婚姻比较稳固；处在第三重境界的夫妻，很少见到有离婚的。

在这个世界上，有些白头偕老的人，一生基本上都"结三次婚"。第一次在饭店里，在亲朋好友的祝福声中，与自己所爱的人结婚；第二次是在家里，两人经过几年的磨合，互与对方的习惯结婚；第三次是在家族里，与对方的各种亲情结婚。

第二次和第三次结婚与第一次相比，有很大的差别。没有隆重的婚礼，也没有亲友前来祝贺，唯一在场的是双方的默契。真正的婚姻，往往都发生在最后两次。现在好多人结婚两三年就离婚了，仔细分析一下，不难发现就是因为他们没把自己的婚姻从第一境界推入第二境界。

那些热恋中完美无缺的白马王子和小鸟依人的姑娘，在进入婚姻之

好婚姻，靠修行

后，缺点和不足就会显现出来。这时你必须跨入婚姻的第二境界，和他的习惯结婚，接纳和包容他的缺点和不足，否则，婚姻这株花就会因根系过浅而枯萎。那些原本非常相爱的一对璧人，几年后莫名其妙地离婚了，十有八九是拒不进入第二境界的结果。

婚姻在进入第二境界之后，就很少有人把离婚挂在嘴边，在心理上，他们已经接受了对方性格中的不足，有的甚至还把对方的这种不足变成了自己的一种关怀。这时的婚姻是甜蜜和温馨的，呈现出的最大的特点是宽容和互补。然而，婚姻的甜蜜并不能代表婚姻的稳固。要想婚姻稳固还需要第三次升华，那就是与对方的各种亲情结婚。也就是说，把你对他一个人的爱扩展到他的父母和亲友，并且在这种爱中，对婚姻有了智慧的领悟：你的另一半不单单属于你，他还属于他的父母和朋友，甚至还属于他自己。婚姻一旦进入这种境界，想分开都难。

在20世纪的中国，杨绛与钱钟书是天造地设的一对儿。胡河清曾赞叹："钱钟书、杨绛伉俪，可说是当代文学中的一双名剑。钱钟书如英气流动之雄剑，常常出匣自鸣，语惊天下；杨绛则如青光含藏之雌剑，大智若愚，不显刀刃。"在这样一个单纯温馨的学者家庭，两人过着"琴瑟和弦，鸾凤和鸣"的围城生活。

1935年，杨绛陪钱钟书去英国牛津就读。初到牛津，杨绛很不习惯异国的生活，又乡愁迭起。一天早上，杨绛还在睡梦中，钱钟书早已在厨房忙活开了，平日里"拙手笨脚"的他煮了鸡蛋，烤了面包，热了牛奶，还做了醇香的红茶。睡眼惺忪的杨绛被钱钟书叫醒，他把一张用餐小桌支在床上，把美味的早餐放在小桌上，这样杨绛就可以坐在床上随意享用了。吃着爱人亲手做的饭，杨绛幸

第三章 好婚姻，靠修行

福地说："这是我吃过的最香的早饭。"听到妻子满意的回答，钱钟书欣慰地笑了。

学习之余，杨绛和钱钟书还展开读书竞赛，比谁读的书多。通常情况下，两人所读的册数不相上下。有一次，钱钟书和杨绛交流阅读心得："一本书，第二遍再读，总会发现读第一遍时会有许多疏忽。最精彩的句子，要读几遍之后才会发现。"杨绛不以为然，说："这是你的读法。我倒是更随性，好书多看几遍，不感兴趣的书则浏览一番即可。"读读写写，嘻嘻闹闹，两个人的婚姻生活充满了情趣。

1942年底，杨绛创作的话剧《称心如意》在金都大戏院上演后，一鸣惊人，迅速走红。杨绛的蹿红使大才子钱钟书有些坐不住了。一天，他对杨绛说："我想写一部长篇小说，你支持吗？"杨绛大为高兴，催他赶紧写。杨绛让他减少授课时间，为了节省开支，她还把家里的女佣辞了，自己包揽了所有的家务活，劈柴生火做饭样样都来，经常被烟火熏得满眼是泪，还会不小心切破手指。可是杨绛并未抱怨过，她心甘情愿地做着这一切，只盼着钱钟书的大作早日问世。看着昔日娇生惯养的富家小姐，如今修炼成任劳任怨的贤内助，钱钟书心里虽有愧疚，但更多的是对妻子的感激与珍爱。

钱钟书曾用一句话，概括他与杨绛的爱情："绝无仅有地结合了各不相容的三者：妻子、情人、朋友。"这对文坛伉俪的爱情，不仅有碧桃花下、新月如钩的浪漫，更融合了两人心有灵犀的默契与坚守。

在爱情的世界里，许多男人往往将结婚误解为就是娶一个女人，而忽略了还要娶过来女人自身的追求以及女人身后的背景。许多女人将结婚误解为就是嫁一个男人，而不知道还要嫁给这个男人的习惯和性格以及这个男人背后的家族。

当男女步入婚姻殿堂时，都希望能执子之手，与子偕老，而要实现这个目标，须做到以下几点。

1. 相拥而眠

英国最近的一项研究发现，夫妻睡觉时相隔不到一英寸（约2.5厘米）的距离，婚姻幸福感和性爱满意度更高。所以，在睡觉时拥抱着你的爱人吧！

2. 常说"谢谢"

在婚姻生活中，说"谢谢"和说"我爱你"一样至关重要。有研究发现，相互表达感激之情对提升婚姻关系大有裨益。

3. 用词趋同

研究发现，如果男女使用相同的功能词语，如人称代词、介词、连词和数量词，那么两人牵手成为伴侣的概率更高，而且婚姻关系也会更持久。

4. 喜欢亲吻

如果另一半觉得你太黏人，不想和你接吻时，你可以搬出这条理由来说服他：研究发现夫妻亲吻越多，婚姻满意度越高。因此，当出门上班时或入睡前，给爱人一个深深的吻吧。

第三章 好婚姻，靠修行

5. 四人约会

如果一对夫妻经常和另一对夫妻约会吃饭，那么这两对夫妻的婚姻关系肯定都会比较稳固。因为根据最近一项研究表明，"对对碰"有助于夫妻关系更加紧密。

6. 一起看言情片

一项最新研究发现，如果夫妻两人常一起看言情片，而且讨论剧情发展，那么两人在未来三年内分手的概率要比那些不在一起看言情片的夫妻低50%。

7. 有婚姻稳固的直觉

一项最新研究发现，新婚夫妇的直觉是婚姻关系将来如何发展的重要"指示器"。因此，在婚姻中要相信直觉，如果直觉告诉自己两人幸福般配，那么婚姻关系肯定错不了，也注定会长久。

8. 和谐的性爱

一项研究表明，和谐的性爱有助于婚姻长久幸福。还有研究发现，性爱会使夫妻双方都感到快乐。因此，和谐的性爱关系有助于稳固婚姻关系。

好婚姻，靠修行

婚姻拒绝完美主义

每个人都期望自己的婚姻是完美的。

相爱时，要懂我，要有默契，要符合我心中所想的那个他或她，不然就是不完美的爱情；相处时，要谦让，要有经济实力，要符合我心中对理想幸福的定义，不然也不是完美的婚姻。

于是，你一次次地用自己的标准去要求对方、改变对方，仅仅是因为他爱你。不改变，就是不爱，至少不够爱，所以，放弃、分开；改变了，远远不够，还要再改，到最后，彼此间都变得唯唯诺诺、精疲力竭。完美，这时已经成为一种病态，一种危害婚姻的毒药。

婚姻完美主义者不仅用完美的标准来要求伴侣，同时也会要求自己事事做到最好。她们总是设立很高的目标，无形之中给自己和对方施加了巨大的压力。那一整套详尽繁杂的规则与标准，像一张看不见的网束缚着自己，也牵绊着爱人，结果双方都苦不堪言，不堪重负。

完美主义侵入婚姻生活，注定会使期望和现实南辕北辙。越是婚姻完美主义者，越是只能得到不完美甚至糟糕的婚姻。追求完美，却往往

第三章 好婚姻，靠修行

不能完美，这是多么无奈而令人深思的现实。其实，所有苛责的初衷，只不过是为了让爱情更加甜蜜，让婚姻更加幸福，希望男人更加爱你，希望女人更加珍惜。要知道生活本就不完美。这个人，这个家，还有我们自己，都不是最完美的，不完美的人也可以有幸福美好的生活。

"完美"是一个人人向往而在现实生活中又难以逾越的词。恋爱时，爱人在彼此的眼中都是完美的，既体贴，又懂得浪漫，一切都像爱情小说中所描写的那样尽善尽美，一切都符合心中所想的那个他。结婚后，两个带着不同生活习惯、兴趣爱好的人每天生活在同一个屋檐下，面对着柴米油盐和家庭琐事，先前的浪漫被平淡的日子打磨得黯然失色，理想与现实的差距，加之不断地苛责，让婚姻这座城堡变得满目疮痍。

念蕊结婚5年，有一个聪明伶俐的女儿，丈夫是公务员。有一天，丈夫突然提出要分居，这让念蕊很是不解。

念蕊是一家杂志的首席编辑，无论对工作还是生活，念蕊心里都有一个完整的目标和计划。从小念蕊就信奉要做就要做到最好，否则便会很痛苦。例如，念蕊常常为了一篇稿件通宵达旦地工作。当然，工作上出类拔萃只是她理想蓝图的一部分，念蕊还要求自己是个好妻子：出得厅堂，相貌气质不俗；下得厨房，会做一手好菜。婚前，念蕊没日没夜地赚钱支持男友读硕士；婚后，她包揽了全部家务，连丈夫的衣服，从内衣到外套，念蕊每天都亲自给他搭配好。

孩子出生后，念蕊又希望自己成为最好的母亲，虽然请了保姆，因为担心洗衣粉对孩子的皮肤有害，孩子的内衣裤都是她亲手用沐浴露洗的。每天她都会给孩子讲故事，休息日带她去学绘画、

好婚姻，靠修行

弹钢琴等。可以说，自从有了孩子，念蕊的睡眠时间被严重压缩，每天睡六七个小时都是奢望。念蕊以为丈夫和孩子一定会十分依恋这个家。可令她万万没想到的是，在搬进第二套房子后不久，丈夫提出了分居，要一个人留在旧房子里单独生活。他说："我不想天天回家对着一张焦虑的脸，我也不想再读博士，我只想一个人自由一点，仅此而已。"这个典型的完美女人念蕊对此又伤心又困惑：我这样努力为婚姻奉献，难道还有什么地方做得不够的吗？

"完美"是许多人渴望达到的理想境界。但是心理学家们在过去几十年的研究中发现，过分追求完美对人的身心伤害很大。我们现在所处的激烈竞争时代要求个体不断做出成绩，追求完美也就成了流行病。

那么，如何清除完美主义对婚姻的负面影响呢？

将完美主义限制在一定的范围内，完美主义一旦变成对现实的苛求，就成了幸福的坟墓。要学会把完美主义交给工作和事业，将家庭还原成自由休闲的乐园。

换一种新的思路，尝试不完美，学会享受不完美。在每次紧张、快节奏的工作之余来点偷懒的方法调剂一下，新鲜而又舒服。

优化完美主义者的性格，尝试改掉那种完美的、苛刻的、倾向于全面否定的标准，树立一种合理的、宽容的、注重自我肯定和鼓励的标准。经营真正美满婚姻的前提，是两个不完美的人携手走出完美主义的陷阱。

第三章　好婚姻，靠修行

让爱情保鲜的相处秘籍

婚后想让爱情保鲜，必先让自己保鲜。自古有云：入兰芝之室，久而不闻其香。这就如同面对一盘美味佳肴，初次品尝时你会有很强的想吃的欲望，当你第二次、第三次、第四次……再见到类似的美味时，你也许就没有了食欲，甚至会产生厌恶之感。再好的东西，时间久了也会失去新鲜感。爱情其实就像这一盘美味，你每天面对它，一如既往没有变化，你就会觉得枯燥无味。但是这种枯燥无味的状态并不是无法改变的，只要我们使用恰当的方式，就能让爱情保鲜。

没有女人不渴望男人一辈子的爱，没有女人不渴望自己的家庭永远和美幸福。然而，年华总会老去，比你年轻的女人总会出现，尤其是你的男人成熟有魅力，多情又温柔，免不了有许多女人会像蝴蝶一样扑过来。你总得有一个吸引他永远爱你的理由吧！

在外面的世界里，男人的虚荣，就是拥有一个漂亮的、有气质的女人。你要么长得美，如果不美，就得有气质；若没气质，就得有才华；若没才华，就得性格好。总之，你得拥有一项出众的"品牌"，能让你

好婚姻，靠修行

的老公永远迷恋你。

婚后要想让爱情保鲜，首先必须让自己尽可能地保鲜。天生丽质的女人真的不多，更何况那些得到异性青睐的女人未必花容月貌，个人特色与魅力才是令男人倾心的关键。如果镜子里的你看起来有点糟糕，赶快去打理好你的容貌，以饱满的精神去迎接幸福。

雁丝家住在三亚，她要带儿子去北京的姐姐家过暑假，为了省钱，她独自坐火车到海口上飞机。丈夫孙晔一个人在家，度日如年。好不容易盼到了妻儿的归期，赶紧乐颠颠地跑到海口去接。谁知雁丝的第一句话却是："你真傻，你这样一来一往，多浪费钱啊！"孙晔本来有着满腔的柔情蜜意要诉说，却被这一句话噎得哑口无言了。

女人所做的这种煞风景的"傻事"，其实还有很多。男人最头痛的大概就数给女人买礼物了。老公情人节买了一束花给老婆，老婆虽然心里喜欢，嘴上却说浪费那钱做什么；给老婆买了一件衣服，老婆却说难看死了……可想而知，要再有下文就难了。不管他为你买什么，能透过那些物质，看到后面一颗爱你的心，并对那颗心心存感激，便很好。即便不是一颗很爱你的心，有了种子，你还怕它不开花结果吗？

爱是一种能力，是一种技巧，人类天生有爱，但并不是每个人都懂得爱。于是，那些懂得爱人，也懂得享受被爱的女人在人群里就会散发出不一样的光芒，深深地吸引着男人的心。

有这样一对夫妻，老公昕宇才华出众，仪表不凡，而他的妻子

第三章 好婚姻，靠修行

凝芸，却只是一个平凡的女子。令人不解的是，他们结婚十年，一直相爱至深，昕宇对凝芸更是体贴有加，仿佛被她施了魔法一般。在一次酒后，昕宇终于对一个好友吐露了自己的爱情秘密。原来，当初他们经由别人介绍认识的时候，昕宇并没有太把凝芸放在心上。但是在交往的过程中，凝芸却深深地打动了他。让他印象最深的是在情人节的时候，昕宇送了凝芸一束花。凝芸接过花束之后，深深地把头埋在花间吸了一口气，抬起头来，双颊潮红，眼睛里闪着感动，让昕宇看到了世上最美的一瞬。从此，昕宇便义无反顾地爱上了凝芸，而凝芸也从来没有让他失望过，哪怕是他最细微的关爱，凝芸都会非常感动。她一再表示，自己是这个世界上最幸福的女人。

爱情是一组男女声二重唱，总要有人应和，歌声才会更加美妙。若一方热情似火，另一方无动于衷，多深的感情也会渐渐冷下去。

女人以敏感的心去接受男人的爱情，其实就是一种最圆满的给予。当男人看到自己的热情换来更浓厚的热情时，他会为一个女人如此深切地需要自己的感情而自豪，并暗暗下定决心，无论如何，要爱她一辈子。

那么，如何才能让婚姻保鲜呢？

1. 多说甜言蜜语

俗话说："良言一句三冬暖。"通常人们在婚前都会说些甜言蜜语。甜言蜜语是生活中的调味剂，能够给生活带来温馨和愉悦。即使是老夫老妻，也要会说甜言蜜语。

好婚姻，靠修行

　　有很多女人总是习惯了听男人的甜言蜜语，却不曾对男人说过什么"肉麻"的话。其实，男人和女人一样，也爱听甜言蜜语。会说话的女人更容易博得男人的欢心和宠爱。

　　其实，男人很愿意替女人做事，前提是女人要先说清楚你要他帮什么忙。男人在完成了你要他做的事之后，会很渴望女人对他表示感激。女人只要轻声细气地说"我真的很感谢你"，就能让男人陶醉很久。这便是让男人心甘情愿替女人做事，还能乐此不疲的小窍门。

2. 偶尔说一些善意的"小谎言"

　　女人偶尔应该说一些善意的"小谎言"，来博得男人的宠爱。善意的谎言不仅是夫妻间的调和剂，更是婚后让爱情永葆青春的神奇秘方。善意的谎言绝对不是欺骗，而是为了营造一种爱的甜蜜氛围。在这种氛围里，老公会不由自主地宠爱自己的妻子。比如，"你做的饭真好吃""没关系，我觉得你不胖"……在爱情中，有时"小谎言"就等于甜言。"小谎言"的作用好似润滑剂一样，往往会收到很好的效果。

3. 多说"咱们的"，少说"我的""你的"

　　妻子们要多说"我们"或"咱们"，少说或不说"我的""你的"。比如在谈到公公、婆婆的时候，应称呼"咱爸""咱妈"，给老公的心理感受肯定会有所不同，相较于"你爸""你妈"，显然是前者更容易激发出男人对妻子的亲密感以及对婚姻的愉悦感。

　　当对老公提一些建设性的建议时，经常说一些诸如"我们"或"咱们"之类的字眼，更有亲切感，更容易被他接受，还可以增强家庭的凝聚力。而经常说"你的"或"我的"，界限划得很清楚，会显得十分狭隙,这是婚姻生活的一大忌讳。如此表述,可能会给对方一种见外的感觉,内心也容易滋生出一些隔阂和芥蒂。

在沟通过程中,不但要善于从表达形式上消灭"你的""我的",还要善于从情感以及主观认识上把"我的""你的"最大限度地变成"我们的""咱们的"。

试想,如果都只剩下"咱们的"了,那该多好——婚姻的牢固度何愁不强?和谐度何愁不高?幸福感何愁不好?

好婚姻，靠修行

给爱情加点盐

女人大多习惯用甜蜜来形容爱情，可糖吃多了会起腻发胖，这并非爱情的持久之计。何不试着给爱情加点盐呢？把它变成柴米油盐酱醋茶。毕竟，盐出五味，五味杂陈才是天下最真的味道，才是爱情的味道。完美之前，先给爱情加点盐，因为这绝对是个好主意。

曲漱高中时就喜欢宙漾。宙漾高大帅气，大学体校毕业后去了一所体校担任教练。大学时，他们二人便相恋了。曲漱和宙漾都出生在普通工人家庭，经济条件都不算好，但曲漱总是省吃俭用把自己的生活费挤出来给宙漾买吃的、用的，宙漾每次都理所当然地享用着，从不问曲漱是否需要什么。

毕业后，他们分在了一个城市工作，虽然两家家长坚决不同意他们的婚姻，但是，倔强天真的曲漱还是嫁给了宙漾。草草地登记了，租住在一间小破屋里，没买一件衣服和首饰，没有亲人的祝福，曲漱就这样嫁过去了！

第三章 好婚姻，靠修行

婚后的他们平静地过了一年，直到儿子出生时两家长辈才和他们有些走动，但婆家对曲激总是百般挑剔。

儿子的出生使曲激变得忙碌起来，瘦弱的身躯承担着所有的家务，高大健壮的老公又从来不会伸手帮她一把，曲激只好默默地承受着这一切。

然而，曲激的透支付出也没能逃过七年之痒的摧残。自从老公宙漾在体校当上领导后就开始各种应酬，那个家虽然变大了，属于自己了，但是，午夜醉归的老公总是曲激的牵挂。每次吵吵闹闹也改变不了什么，曲激觉得很委屈，因为老公对自己不理解不说，而且变得越来越不耐烦。

后来，曲激的儿子上学了，每次接送孩子都是曲激的事，有一次孩子哭着告诉妈妈小朋友欺负他，说他没有爸爸。这时，曲激的心碎了！孩子从出生到上学，都是曲激一个人在照顾。每天老公回来，儿子已经睡了；第二天儿子起床，老公已经走了。这个家俨然成了他的宾馆，有时还会彻夜不归。虽然对于老公在外面的事情，曲激也偶有耳闻，但她从来没有勇气去问他，曲激甚至害怕她的疑问会成为现实，而她宁愿自欺欺人地活着。曲激变得越来越憔悴，虽然只有三十多岁，可她看起来却像四十多岁。懦弱的曲激不知道自己该怎么办，这种麻木的日子还要持续多久。

给爱情加点盐，盐微苦，不会让人沉溺。同时，有盐的人生才会更加有动力。这里的盐，我想应该算是一些赤裸裸的爱情现状吧，是一些爱情警示，是一些爱情挣扎，没关系，这就是爱情万象。所以，在爱情里加点盐，就不会让人一再沉醉在爱情的童话故事中，不至于成为爱情

好婚姻，靠修行

里的傻瓜，才会变得更加从容和淡定。

糖蜜论点一：婚姻是 1＋1＞2

为看电视剧还是球赛而吵得不可开交的夫妻不是个例，为牙膏没有从根部往外挤就吵架闹离婚也不是偶然，为作息时间或饮食习惯不同而分手的案例更是不胜枚举。总说婚姻是两个个体走到一起，应该实现 1＋1＞2 的价值最大化，但"80 后""90 后"，甚至"00 后"有着特立独行的个性，不管是同类还是互补的伴侣都会面对各种冲突。

第一匙盐：婚姻是 1＋1＝1

想要维系一段感情，就要心甘情愿地削掉一半的自己，这就是爱情的牺牲、婚姻的代价。如果你知道自己有着不妥协的性格和太多的底线，那么你可能不太适合婚姻。

糖蜜论点二：女人越优秀，越嫁不出去

看起来平凡的女人一个个都不可思议地购入"绩优股"，开始了不温不火的家庭生活，而剩下来的却是一只只"白骨精"。

第二匙盐：你越优秀，越有人要

优秀的女人根本不用担心嫁人问题——你嫁得好不好，跟年纪、出嫁与否无关，跟你的实力，包括社会地位、收入、学历、见识、魅力有关。如果你觉得周围没有优秀的男人，那是因为你还不够优秀；当你变得更优秀的时候，优秀的男人就出现了；当你变得非常优秀的时候，你周围一定围绕着一群优秀的男人。物以类聚，人以群分，这是很简单的道理。记住，你越优秀，越有人要。即使你到了 50 岁，都会有人抢着要。尽管你会说，那一定不是因为爱情，而你一定最清楚，爱情有时候也是需要一定的物质保障的。

糖蜜论点三：男人给你的最好的礼物是爱你

第三章　好婚姻，靠修行

男人爱你的方式有千万种，比如送你名牌服饰、珠宝钻石、香车洋房，或者每天雷打不动地接送你，天天鲜花赠美人……这些极致的宠爱方式无数次地打动你，一次次坚定你的心——这就是真命天子。可在经历了数任男友之后，你终于明白，当你流着眼泪感叹"不会有人像他对我这么好"时，他的下一个猎物已经在慢慢靠近了。

第三匙盐：男人给你最好的礼物是教你学会爱自己

因为只有爱自己，才会得到爱别人的能量。当你沉溺于他对你的好不可自拔时，你一定会迷乱心智，看不到随处可见的危险和暗流，而适度的爱，才能时刻鼓励着你，不管是化妆、美甲、购物，把自己打扮得美美的，还是和闺蜜定期聚会，保持那份惬意的生活心态，或者是短暂离开现在的生活，去国外留学或旅游，你都会因此变成更好的你。你想好给他的最好的礼物了吗？

好婚姻，靠修行

爱情加面包，才是完美的生活

在影片《小时代》里，顾里对顾源说过这么一段话："没有物质的爱情就像一盘沙，都不用风吹，走两步就都散了。"在《裸婚时代》里，刘易阳说："我没车，没钱，没房，没钻戒，但我有一颗陪你到老的心。等到你老了，我依然背着你，我给你当拐杖，等你没牙了，我就嚼碎了喂给你，我一定等你死后我再死，要不把你一个人留在这世界上，没人照顾，我做鬼也不放心。"

十年前，高亢说着选择爱情的人，有多少能在十年后，依旧昂首挺胸地说自己的选择是正确的；十年前，下定决心选择面包的人，有多少能在十年后，风风光光地告诉我们自己是幸福的。没有面包的爱情是寒酸的，没有爱情的面包是索然无味的。所以，女人们都希望自己既有爱情，又有面包。

在爱情里，不能因为感情需求太过盲目，也不能因为物质需求而太过现实。幸福的生活来自这两者的质与量的平衡。钱不能代替爱情，爱情也无法代替金钱；爱情加面包，才是完美的生活。

第三章 好婚姻，靠修行

傲玉和青竹是大学里最要好的姐妹。上学的时候两个人就彼此交谈过自己梦中的白马王子。傲玉说："我的白马王子要年少多金，可以给我一套可以看见海的大别墅，可以给我买名车，可以随时陪我去国外旅游、去香港购物。我不是一个财迷，但是在这样的时代、这样的社会里，钱比爱情要实在、可靠得多。一个人能活多少年，不好好享受生活，不是白活了一次吗？我们是女人，我们有权利和资本用爱情和婚姻去改变自己的命运。"

青竹看着傲玉憧憬的眼神笑着摇了摇头，说："我梦中的白马王子要英俊帅气，浪漫温柔，要能与我心意相通，我的一个眼神他就能明白我的意思。不管遇到什么困难都能给我一个安全可靠的肩膀。不能花心，要对我不离不弃。至于金钱，我想真正的爱情是没有这个附加条件的，即使他一无所有，我与他在一起也会觉得幸福。"傲玉大笑青竹太天真。

也许是巧合，也许是这两个女孩子真的一直在追逐着她们各自的爱情理想，几年以后，傲玉真的嫁给了一个很有名气的富豪。可是，结婚后的傲玉这才明白，金钱是无法代替爱情的，自己过得并不幸福。

青竹嫁给了一个搞摇滚乐的穷酸小伙，两人爱得如胶似漆，却因为无法维持生计，在结婚后的第二年就离了婚。青竹也明白了，爱情是要有一定的物质基础的。

傲玉和青竹都实现了自己的梦想，但是都没有获得真正幸福美满的婚姻，究其原因，就是不够成熟或者说不正确的金钱观和婚恋观所致。金钱与爱情的关系是一个由来已久的话题，但直至今天，很多人依然无法理智全面地认识这一切。

好婚姻，靠修行

金钱是无法完全代替爱情的。爱情是人们发自内心的情感需求，是心灵的碰撞和契合，是人们在精神层面上不可缺少的食粮和寄托。真心相对的爱情是纯净透明的，没有任何杂质和附加条件。两个相爱的人会在心灵上有着相通的情感体验，这种体验就是要不顾一切、没有羁绊地融为一体，不离不弃，相濡以沫。任何物质条件都无法单纯替代这种相通的情感体验和情感需求。爱情高于物质层面而存在，如果有人以金钱为天平去衡量爱情的轻重，那么无外乎两种情形：一是，他不懂得爱；二是，他不是真爱。

爱情也无法完全代替金钱。爱情与金钱是独立于两个意识层面之上的，但是不代表两者没有交集。当爱情趋向于成熟，就要走入婚姻阶段。婚姻是一种现实生活，爱情与金钱在现实生活中会产生千丝万缕的联系。我们生活在一个现实世界里，我们最基本的需求是生存，而生存状态和生活质量在很大程度上则要以金钱来衡量。婚姻是什么？婚姻除了爱情之外，它还是生存状态，是生活质量，是柴米油盐。显然，在这里，爱情不是全部，它无法满足人们全部的生活要求，也无法代替金钱在生活中所能起到的作用。如同俗语所说的那样：贫贱夫妻百事哀。

很多女孩不懂得如何正确衡量爱情与金钱在生活中的关系。一般来说，女性对于爱情和婚姻的期望都比较理想化，而高期望值通常会带来两种截然不同的极端认识：一是爱情至上，要爱情不要面包，不切实际；二是金钱万能，有钱就会幸福，就能达到爱情带来的愉悦感。显然，这两种认识都不够全面和科学。女人，如果你爱他，那么就要平衡好你们的感情与现实生活的天平。如果他真的爱你，相信他也会努力为你们的爱情与生活找到合适的切入点。

虽说金钱买不来真正的爱情和幸福，但幸福的人生也时时刻刻离不

第三章 好婚姻，靠修行

开金钱。所以，爱情加面包，才是完美的生活。

　　最好的婚姻是，有着恰好的物质基础，又有着恰好的爱情的两个人的组合。如果他只有面包，却没有爱情，那么你应该做的是冷静地分析他是否有足够的责任心，让你值得为之托付一生。如果他根本就不懂得什么是爱情，那么你要这枚面包又有何用呢？

　　如果他暂时没有好的物质基础，而你又舍弃不了两人之间的爱，那么你要看仔细了，你想托付的这个人是否在为你们的未来努力打拼。如果没有，那就选择面包吧，因为这份爱情不是真正的爱情，真正爱你的人不会忽略你的牺牲，不会舍得让你跟着他一直辛苦。他会为了你们的将来积极奋斗，他也许暂时给不了你面包，但他为你的将来已经预定好了一枚更好的面包。

　　真正聪明的女孩就是这样的，在面临面包与爱情的选择时，她有足够的转圜余地，因为她有第三个选项，自己。她有能力赚到面包，也能够明辨真正值得自己爱的男人，在投资一份未来的面包时，赢得一份真正的爱情。

好婚姻，靠修行

别让幸福在比较中迷失

只欣赏，不比较，这是维护婚姻的艺术。

其实，"婚姻"是个很微妙的概念，相爱的不能牵手，牵手的往往又不相爱，很多人都有这样的感触。我们常常把现在的另一半与前几任男朋友做比较，与同你自认为条件相当的熟悉的人做比较……比来比去，最后总觉着自己嫁给了最差劲的那个人。

伊竹和启伦准备结婚的时候，启伦的工作陷入了危机。为此，伊竹和启伦只拍了一套婚纱照，戒指也没买，婚礼也没办，就这样裸婚了。伊竹原本以为自己这样委屈地嫁给启伦，他应该对自己满怀感激，想尽办法对她好才对。哪知在婚后的生活里，她不仅看不到启伦任何的温柔体贴，而且他大男子主义十足。伊竹开始打听身边人的新婚生活，据说，她们的先生温柔体贴又浪漫。伊竹开始觉得嫁给启伦是她这辈子做出的最错误的决定。

除了跟别人比，伊竹也会跟先生比，比谁为家庭付出得多。比

第三章 好婚姻，靠修行

如，谁洗衣服、擦地、做饭次数多，谁想到家里的事情比较多，等等。当然，统计的结果更加剧了伊竹的不平衡感。"为什么牺牲的总是我?!"伊竹愤愤不平道。

在那段时间里，伊竹看不到先生的一丝优点。她像怨妇一样四处诉苦，回家也不想跟启伦说话，一有机会就要求启伦这样那样，而启伦好像根本听不懂伊竹在说什么，依然我行我素。被逼得紧了，他就不耐烦地说："既然你觉得别人好，你就嫁别人去吧！"

伊竹把自己对婚姻的困惑告诉了自己的姐姐，姐姐在听了伊竹的倾诉后，说："你不要盲目地去羡慕别人的婚姻，婚姻就像鞋子，适不适合自己最清楚。很多人只喜欢晒幸福，而这并不意味着他们的婚姻就十全十美。你最大的问题是喜欢比较，这对于婚姻来说是大忌。"当伊竹告诉姐姐对自己的先生多么失望，她看不到生活有任何改观时，姐姐以一种过来人的口气说，"人都是会变的，你要给他足够的时间，而且，当你去要求别人的时候，也要反观自己是否如想象中那样毫无瑕疵。"

婚姻无须比较，也不可比较。假如你的另一半没有与你步入婚姻殿堂，他也一定会与另外一个人结合，绝对有可能比跟你在一起幸福，既然这样你还有什么理由对他不好呢？他选择了你，对你就是百分之百，你用百分之多少对你的另一半就是你的问题了。再则，你能说舍弃了这段婚姻，下一段婚姻你就一定满意吗？答案是不确定的。特别是那些背叛自己家庭追求所谓真爱的人，他能背叛第一个，你也许就是第二个。

鞋子合不合适，脚知道。有的鞋子刚开始穿有点紧，穿久了，慢慢也就合脚了。

好婚姻，靠修行

曼真家的家境不是很宽裕，但夫妻俩很恩爱。几年前，曼真下海经商挣了点钱，买了车又买了房，便心高气傲了起来。

一次，曼真和老同学偶遇。看到嫁了大款的老同学风风光光的样子，曼真的心里开始变得不平衡了。老同学既没自己漂亮，又没自己能干，凭什么人家打扮得雍容华贵，家务请保姆，出门配司机？而自己老公每月只有一两千元的工资，家里的房子车子都是自己拼死拼活赚钱买的。

晚上回到家，当老公因看到电视里可爱的孩子而提出想要一个自己的孩子时，正在气头上的曼真大叫道："生孩子？就你那点工资连自己都养不活，拿什么养活孩子？你看看人家美美，嫁了一个有钱的老公，日子过得不知道多悠闲……"

看到老婆气急败坏的样子，曼真的老公赶紧端来温水，让她消消气。没想到老公的体贴反而使曼真更加生气："我最见不得你这个样子，只知道唯唯诺诺地献殷勤，在老婆面前低三下四的，多没出息。当初我真是瞎了眼，才嫁给你这样的窝囊废……"这些话彻底激怒了平时温顺的老公，他脱口而出："要比，你怎么不和××的老婆比。人家不但漂亮大方，还特别温柔贤惠。你看看你，经常对我大吼大叫。这种日子我早就过够了，离婚！"第二天，还在气头上的夫妻俩就去办理了离婚手续。

俗话说得好，日子是自己过出来的。每个家庭都有每个家庭的模式，只要过得好，无须计较孰优孰劣。有房有车有钱，并不是衡量一个家庭过得好与坏的唯一标准。与其越比越生气，不如静下心来品味你自己的生活，你会发现平淡中也有美丽。

第三章 好婚姻，靠修行

　　人们常说人比人气死人，婚姻是经不起比较的。世上那么多赚钱多的别人家的老公，有洋房、跑车，你岂不得郁闷死！更何况，婚姻的幸福与否，也不是比较得来的，它取决于婚姻里的两个人的经营能力，是需要两个人努力经营的。每一段婚姻都是独一无二的，每个人的个性、社会背景也都不同。就像对同一件事，每个人也都会有不同的想法一样。婚姻也是如此。旁观者看到的只是肤浅的、表面的东西，内在怎么样，恐怕谁也无法真正了解。

　　既然当初你选择了他，就是希望和他白头偕老。生活中尽量不要为了一点小事情、一句伤人的话而互相埋怨，应该时刻发掘对方的优点与长处，包容他身上的缺点和不足，互相理解，那婚姻又怎会不幸福呢？总之，一句话：理解对方多一点，生活中的快乐就会多一点！

第四章
Chapter 04

修炼你的独家秘籍

对一个女人来说，就应该内外兼修，不仅注重外在的美，还要注重内在的修养，做一个真正有魅力、有气质，而且温柔又漂亮的好女人。

第四章 修炼你的独家秘籍

性格好的女孩更容易收获爱情

都说性格好的女人最好命。

所谓性格好，指的是不易生气，与人友善。别人与你相处时无压力。那么，如何培养好性格呢？简单来说，就是去认识更大的世界。经历过最坏的，见识过最好的，你的阈值便会放大，那么别人的所作所为，在你看来都是情理之中，你也就不会局限于去反驳他人。

每个人的性格都是在不断完善的，女人可以通过自我意识来巩固和加强自己性格中的优点，也可以通过自己的努力来消除性格中的缺点，女人要灵活利用性格的内涵来了解自己的性格，优化自己的性格。

牧云要结婚了！她的结婚对象还是当地颇有名气的大企业老板的儿子，这让她的好友们个个惊讶不已。要知道，牧云在女孩子中并不算特别优秀，身材也不够高挑，还有些微胖。不过，牧云的优势在于她有一个好性格。牧云乐观向上又温柔体贴，凡事都为别人着想，很容易被大家信任和喜欢。牧云毕业后就到一家大企业去工

好婚姻，靠修行

作，没想到却被"太子爷"给看上了。

其实，女人性格好真的比什么都重要！常听异性朋友们说，女人乖的时候很温顺，可一旦发起脾气来，就让人受不了。

脾气谁都会有，因为人一辈子难免会有这样那样的不如意。脾气不是不能发，关键是要把握好度，如果太过分，就会变成没有修养的泼妇。

当脾气来的时候，不光你的身体消受不了，而且福气也会悄悄地溜走。

人们都说"冲动是魔鬼"，很多时候，女孩的脾气就像火山一样，爆发起来根本就无法控制，其淑女形象当然也会大打折扣。这样不仅伤害了自己，也伤害了身边的人。没人愿意和一个蛮不讲理的泼妇交往，你的人际关系也会因此陷入紧张的局面。

其实，性格好的女人，即使长相一般，但她辐射出的"魅力射线"也足以俘获很多男人的心。

1. 开朗自信的女人

开朗自信的女人永远是男人生活中的一道风景。这类女人喜欢豪华、热闹的生活，以施展她社交明星的魅力。她无须深沉地思考，也从不理会生活以外的东西，她为自己而沉醉。

2. 温淑平和的知识女性

她外表质朴、自然、不事雕琢，内心浪漫、与世无争，强调个性却不张扬。只有能够进入她内心的人才能真正了解她，也才能为她所欣赏。她的气质和教养是其丰富内心的流露，也是与别人拉开距离的原因。

3. 安详亲善的贤妻良母

她温柔、安静、沉着、细腻，注重生活细节。家庭是她的人生乐趣。教养和良好的经济条件使她超越了琐碎和庸俗，她从不羡慕男人和事业女性，只是平和地折着自己手中的纸鹤。

4. 奔放、潇洒的多情女人

她让你联想起一切浓烈和快节奏的感受，她一向简洁、痛快的作风容不得半点纠缠。她的心太大也太高，于是凡俗琐事便——被她忽略掉了，但骨子里的性格和精神上的细腻却是抹不去的。

5. 物质与精神的双重贵族女人

她从不因为物质的满足而放弃精神的追求，相反，物质基础使她更有实力构建自己的精神世界。她洞悉一切的成熟气质使她在亦庄亦谐中游刃有余。

6. 聪明睿智而又富于理性的女人

她意志坚强、说一不二，喜欢把握局面。聪明而善用头脑，很少感情用事，不会因冲动而铸错。她独立而事业有成，像男人一样活着，却懂得适度施展女性的魅力。

好婚姻，靠修行

做个有趣的女人

女人常常认为只有外貌好的女人对男人才有吸引力，事实却并非如此。大多数男人更喜欢和有趣的女人交往。他们喜欢用一种平等的眼光看待女人，也喜欢以一种有趣的方式跟女人们较量。

一个空有美丽外表，语言却干涩乏味的女人就像一朵塑料花，没有真正的香味。女人要想"俘获"男人的心，只具有漂亮的形象、温柔的性格还不够，还要有幽默感。

幽默是女人心灵的光辉与智慧的结晶，是女性精神世界的养料。在婚恋中，女人的幽默感十分重要。

芷翎长相一般，走在大街上也不易引人注目。然而，凡是与芷翎接触过的朋友都愿意和她交往，因为她是一个非常幽默的女人。尤其是芷翎的老公，简直把她当宝贝宠着，捧在手里怕摔了，含在嘴里怕化了。

有一天晚上，老公因临时加班回家晚，芷翎就留了张字条先睡

第四章 修炼你的独家秘籍

觉去了。等老公回来,看到餐桌上的纸条,上面写着:"饭菜在微波炉里,我在床上。"累了一天的老公看到这张幽默的字条,不禁露出了笑意,满身的疲惫也被芷翎这句温馨可爱的话赶跑了。

一次,芷翎和老公讨论公司的一个项目,正当两人争论不休的时候,老公说:"你没做过项目,所以你没有权利和我讨论。"这时,芷翎说:"我承认我没做过项目,但这不代表我不了解。你想想,虽然我没有生过鸡蛋,但是对于鸡蛋的味道,我比母鸡知道得多。"这一句话让两人都笑了,当然,因争论带来的不快也瞬间烟消云散了。

具有幽默感的人的生活充满了情趣,即使那些看来令人痛苦烦恼的事,他们也能轻松应对。幽默的女人是可爱的,她总是能适时地在一汪清水中激起点点涟漪,使得平淡琐碎的生活增添几分韵味与情趣;幽默的女人是智慧的,她们具备一定的文化底蕴,兼具才气与灵气;幽默的女人是乐观的,她总是能言善道、开朗豁达、从容不迫、笑对人生;幽默的女人是有品位的,她们淡雅超脱而率真,用微笑的心去体验生活,化解生活中的问题。

瑜珠刚刚三十出头,就已经是一个重要部门的负责人了。瑜珠非常能干,常常一身职业装英姿飒爽地出现在大家面前,永远是那么沉着冷静。瑜珠也有一个和睦的家庭,尽管工作繁忙,瑜珠还是有能力把自己家安排得井井有条,甚至连亲戚的迎来送往也做得无可挑剔。她在事业、家庭方面都很成功,是一个让很多女人都很羡慕的女人。可是,别人都觉得她做得很好,能力很强,面面俱到,

103

好婚姻，靠修行

却从来不觉得瑜珠是一个精彩的女人。和她见面，几句寒暄过后，你就不知道该和她聊些什么话题了。

我们身边总有这样一些女人，她们让人无可挑剔，她们也是名副其实的好女人，可是我们从来不会觉得她们是精彩的女人。

一个精彩而有幽默感的女人有广博的见识，对事物有自己独特的见解，和她聊天，你会觉得有趣，并且总是能够找到共同的话题；她乐于尝试新鲜事物，热爱运动，从她的身上你总能感觉到一种朝气蓬勃的力量和积极向上的生活态度；她会安排好自己的生活，不会让自己的生活始终一成不变。

和这样的女人待在一起，你不会觉得烦闷、无趣，她们总能发现平常生活中的一些小情趣、小感动。她们聪明，有智慧，这样的女人即使姿色平平也会给周围人带来快乐，也会让自己的生活变得更加丰富多彩。

做个幽默的女人，给生活涂上色彩，使生活变得五彩缤纷，让奔波劳碌的男人一回到家，就拥有一份轻松快乐的心情。男人们会从这些情趣中感觉到这就是一种幸福，他们会觉得女人懂得幽默、有情趣，会变得更加美丽可爱。

一位女作家曾说过："你会发现，幽默感才是爱情中最重要的元素。"据说，杨贵妃之所以与唐明皇恩爱多年，以胖为美只是表象，关键是这个胖贵妃是一个很会说笑话，极有情趣的女人。皇帝高处不胜寒，天下美女又何止千千万，可唯有这个杨贵妃能日日逗得他开怀大笑，想不爱她都难。

那么，我们该怎样让自己变得幽默有趣呢？

1. 扩大自己的知识面

幽默是智慧的表现。一个人只有在丰富知识的基础上审时度势，才能做到谈资丰富、妙言成趣。而且，很多"笑点"是有时效性的，只有不断学习、接受新事物的人，才能领会这种幽默。因此，要培养幽默感就必须不断充实自我，从浩如烟海的书籍中广泛涉猎，不断收集幽默的浪花，或者从名人趣事中撷取幽默的"精华"。

2. 自信、豁达

乐观与幽默是亲密的朋友。一个人只有善于体谅他人，处事宽容大度，才会表现出幽默的风度。整天斤斤计较、愁眉苦脸、忧心忡忡的人是与幽默无缘的。

3. 培养深刻的洞察力

培养机智、敏捷的能力是提高幽默感的一个重要方面。只有迅速捕捉事物的本质，使用恰当的比喻，通过诙谐的语言，才能产生幽默的效果。同时还要注意灵活运用，不同问题要不同对待，做到幽默而不俗套，使幽默成为你俘获男人心的秘密"武器"。

好婚姻，靠修行

永远不要做"黄脸婆"

美丽一生是可以实现的。20 岁有 20 岁的青春，30 岁有 30 岁的成熟，40 岁有 40 岁的典雅，到了 50 岁，还有 50 岁的知性。女人应该是越活越美丽。容貌可以褪色，但那沉淀的智慧会显露在女人的眼角眉梢。

所以说，世上没有丑女人，只有懒女人。女人要想摆脱"黄脸婆"，做精致女人，必须做到以下几点。

1. 要学会保养

经常做饭的女人，尤其经常做油烟比较大的菜的女人的脸会发黄，经常刷锅洗碗打扫卫生的女人的手不可能细嫩，但保养可以让做家务产生的不良后果降到最低。如果放任不管，过上几年，恐怕你连自己都不认识自己了。所以，女人在照顾好家的同时，更要保养好自己。

2. 要会化妆打扮

爱美之心，人皆有之。女人适当化妆不仅会让自己心情愉悦、神清气爽，更是对他人的一种尊重。女人们可以选择化淡妆，才会对男人更具吸引力。

3. 穿着很重要

大多数女人都知道，出门穿着光鲜亮丽是给老公争面子。所以，对于自己所处的年龄层及不同场合穿着不同的着装，女人们一定要注意。

不少女人婚后开始变得异常节俭，不再给自己购置漂亮的衣服，结果把自己弄得灰头土脸的。

同时，女人们要注意的最重要的也是最容易被忽视的是在家里的穿着，这才是决定女人是精装还是平装的关键。因为大家白天都要出去工作，老婆和老公见面的时间也就是在家里的短短几个小时而已，怎么能让老公觉得自己的老婆与他公司里的精装女人比也毫不逊色呢？这就要靠打扮得体。女人要时常买一些颜色素净的、质料好的、合体的家居服。

4. 要注意内在的修养

随着年龄的增长，女人的外在吸引力肯定一天天在减退。

所以，婚后的女人要致力于内外兼修，特别是要注重内在的修炼，要多吸收些知识，这样能让你看上去更有气质。什么是气质？气质就是能让人在人群中一眼就看出你与众不同。婚后的女人切忌把自己变成一个乏味唠叨的长舌妇，每天只关注自己的小圈子，东家长西家短，这样最容易引起老公的反感。

好婚姻，靠修行

　　晓槐虽然是一名已婚男子，但他最近喜欢上了公司的女同事斐斐。斐斐，高贵自信，风采迷人。每天上班时，晓槐都会偷看她。他已然被她征服了。

　　每天下班晓槐都不愿意回家。因为在他眼中，自己的老婆就是一个黄脸婆，整日在油盐酱醋中打转，蓬头垢面地穿着老旧的衣服，压根就不知道好好打扮自己，而且异常唠叨，一点也不温柔。

　　晓槐真希望单位每天都要求加班，这样他可以和他仰慕的斐斐在一起。

　　一日，晓槐和老婆吵架，不知不觉便走到了斐斐家楼下。此时的他决定要向斐斐表白，他不希望自己对她永远只是暗恋。

　　晓槐拿出当初娶老婆的勇气按响了斐斐家的门铃。来开门的是一个披头散发、衣衫不整的女人。开门的时候，斐斐一只手抓着锅铲，另一只手在围裙上擦着手上的油渍。斐斐以为是推销人员，所以并没有抬正眼看他，愤怒地叫道："大清早就来推销，有没有搞错啊！""砰"的一声，门被用力地关上了。在那一瞬间，晓槐听到她正在门内大吼道："清子！赶紧洗脸刷牙去！慢慢吞吞的，干什么呢？还有，赶紧叫你爸起床，吃早餐了！"

　　此时的晓槐这才明白原来自己倾慕的女人，竟也是另一个男人的黄脸婆。

　　我们要想改变黄脸婆的厄运，就要先从改变自己开始，这样不光是老公离不开你，而且即使在婚姻不能继续下去的情况下，我们也会是发展前景大好的绩优股。

第四章 修炼你的独家秘籍

聪明女人善于打造完美身材

男人是视觉动物。对男人而言,女人的曼妙身材,在最初似乎远比她的智慧和才能更有吸引力。女人的曼妙身材是对付男人的致命武器,也是一种持续的诱惑力。评判女人性感与否,身材是绝对的因素。

有一项调查,曾询问一些来自各行各业的男人"更在意女人的脸蛋,还是身材"这个问题,其中有92%的男人选择更在意女人的身材。好的身材是女人增加吸引力和自信的资本,也会让男人爱你爱到欲罢不能。

有研究表明,身材匀称、达到标准尺寸的女性,对于男性具有普遍的吸引力。虽然女性的五官长相也具有一定的魅力,但男人似乎对身材好的女人更感兴趣。

那么,什么身材的女人最吸引男人呢?答案是腰围和臀围的比例是7∶10,也就是说腰围是臀围的67%~80%的葫芦沙漏形身材最吸引男人。

女人的臀部成为最吸引异性的器官,那是一种生命力的象征。现代医学也证实了这一点,有0.7比例的腰臀部的人生育能力强。可见,身

好婚姻，靠修行

材姣好的女人不仅具有视觉上的冲击力，还有繁衍后代的持久魅力，这对于男人来说是一种致命的诱惑。

  沐卉长得非常漂亮，身材也特别棒。在大学三年级的一次朋友聚会时，她认识了现在的老公，那时她的老公已经大学毕业并且参加工作了。他对她一见钟情。每天下班之后，他都会到学校去看沐卉，而沐卉也觉得和他非常投缘，于是两人很快坠入了爱河。
  一年后，沐卉毕业了，两个人顺其自然地结婚、生子。就在沐卉觉得婚姻生活幸福美满的时候，她发现老公与一个KTV的迎宾女孩居然已经同居了半年之久。沐卉对此表示非常不理解，也难以接受这个事实。她反复说："我老公素质很高，怎么会喜欢上这种女孩呢？"
  沐卉温柔贤惠，夫妻俩感情也一直很好。只是在沐卉生过孩子之后，她的身材发生了非常大的变化：胸部严重下垂，腰间的赘肉也在不断堆积，怀孩子时留下了许多妊娠纹，让她的肚子简直无法直视。看着镜子里的自己，沐卉终于明白老公为什么会出轨了。

生儿育女本来是女人这一辈子最幸福的事情，可就是因为生育之后让很多女人陷入了身材毁灭的旋涡之中。所以，为了自己，也为了另一半，女人应该在怀孕期间和产后学会保养好自己的身材。

  人的体形是可以受自己的意识管理的。体形的发展如同习性的发展，你约束得严格一些，管理得好一些，体态也会变得端庄和挺拔一些，体形便也会变得紧致和有型一些。那么，如何拥有一个好的身材呢？下面我们来讲一讲保持形体美的四大要素。

第四章 修炼你的独家秘籍

1. 吃睡之道

饮食习惯科学合理,能够保证机体正常运转;饮食习惯不科学,相当于慢性透支健康。女人为了健康和美丽要有科学的吃睡之道,千万不要为了满足一时的口腹之欲而断送了自己的美丽和健康。

大多数女人虽然知道饮食对于身体健康的重要作用,但又错误地认为,只要食用营养丰富的食品就够了。按照错误的观点去做,自然也是会影响健康的。臃肿的身形会告诉别人,你把自己照顾得很糟糕。

2. 有氧运动

适当的有氧运动的确可以延缓衰老,是生命魅力的保鲜剂。能够持之以恒花时间运动的女人,不仅能获得曼妙的身材,还可以让人感到她的活力。在女人四五十岁时,岁月一定会补偿她。运动能促进血液循环,使气色红润有光泽,适当的有氧运动能塑造女性的身体活力和精神面貌。选择了有氧运动,不仅能强身健体,还可延缓衰老。

3. 心理美容

女人的魅力不仅仅在于天使的脸庞和魔鬼的身材,也在于良好的心境和美丽的心情。一个人心情好的时候,可以大方自然地微笑。当一个人心情不好的时候,更应该保持微笑。

现代医学研究表明:人的精神状态即心情好坏与身材休戚相关。据专家介绍,一些人心情不好的时候容易暴饮暴食,这极易导致肥胖;一些人会因心情不好失眠,经常失眠的人会引起内分泌失调,而因内分泌失调引起的肥胖,是很难减的。

好婚姻，靠修行

4. 秘密武器——调整型内衣（塑身内衣）

人体的体温是恒温 37 摄氏度左右，脂肪在我们体内处于半流动状态。所以如果女性长期戴戒指，就会发现在取下戒指之后，戴戒指的部位比其他部位都要细。这就说明脂肪是可以移动的。有些女人担心塑身内衣会有损我们的健康，其实这个担心是正常的。所以，在选择塑身内衣的时候，我们要多加关注设计和面料，如果内衣的面料弹性不好，设计得又不合理，的确会影响我们的健康。

《2007 年吉尼斯世界纪录》中载有的全球最细腰的女士是美国 70 岁的凯西·姜思。凯西身高近 1.7 米，体重 58 公斤，但身穿紧身裙时腰围只有 38 厘米，即使鼓足气也只有 50 厘米。在她婚后的 25 年里，她和其他家庭主妇一样从未刻意保持自己的身材。直到 1983 年，当 3 个孩子都长大成人并搬出家之后，45 岁的凯西有一天照镜子时突然发现自己身材已经严重变形，她不敢相信镜子里那个腰粗如水桶的中年妇女就是自己。

于是，凯西痛下决心，一定要让自己重新变得性感、优雅。她每天坚持 23 小时穿戴塑身内衣，只有在洗澡时才脱下，最终有了一副"沙漏身材"。据悉，凯西总计有 100 多件塑身内衣，每件售价在 100～500 英镑。所以，买高质量、好品质的塑身内衣还是至关重要的。

虽然凯西的腰细得离谱，却并未造成任何不良后果。她的丈夫巴博医生说："凯西所穿的塑身内衣对脊柱起到了极好的支撑作用，

第四章 修炼你的独家秘籍

令快 70 岁的她体形健美挺拔,丝毫也没有驼背的迹象,与此同时,也没有对内脏造成任何伤害。"

当然,我们不一定都像凯西一样把自己的腰围变成 38 厘米,但是通过这个案例,我们知道好的塑身内衣确实可以雕塑我们的身材。不过,我还是建议大家晚上睡觉时脱掉塑身内衣。

好婚姻，靠修行

服饰是女人的第二张脸

　　服饰是女人魅力的载体，着装是女人品位的体现。女人的服饰常常是一种静态的符号，是一种无声的表达，得体的着装可以散发女人的魅力，展现女人的光彩。服饰是一门艺术，体现了穿衣人的修养和美好的内心世界。

　　没有不美丽的女人，只有不会穿衣服的女人。着装是女人的第一张名片，衣着服饰是女人彰显个性的魅力语言。魅力女人的服饰得体，打扮适宜，在服装的选择上不浮夸虚荣、不随波逐流，而是追求服饰与人的完美融合。想象一下这样的场景：我们穿着运动装到五星级酒店参加朋友的生日聚会；我们穿着性感的晚礼服，走在繁华的大街上；我们穿着职业套装，却选择了晚装的华贵首饰；我们穿着运动服，却梳着晚装的盘发……不要觉得不可思议，这些漂亮的服装、高档的首饰如果穿错了场合或者搭配错了，只能说明你对服饰文化的无知，你的修养和品位出了问题。

第四章 修炼你的独家秘籍

在巴黎的社交场上,有一位中国名媛,被誉为"远东的珍珠"。有一年,她得了皮肤病不能穿袜子,便"光脚"去了上海。结果没两天,上海的女人们也接二连三地把袜子脱掉了。据说,宋庆龄住在她家时,也要偷偷打开她的衣柜,以她的穿衣风格作为蓝本。她便是黄蕙兰。

黄蕙兰对衣服的材质选择十分敏感,当时的中国上流社会,女人们都热衷于穿法国衣料。黄蕙兰却反其道而行之,她选用老式绣花和绸缎,做成绣花单衫和金丝软缎长裤,这是外国电影里神秘精巧的"中国风",一出场便吸引了无数人的目光。

她去香港,看到一些人把老式的古董绣花裙子遮在钢琴上,可以用来阻挡灰尘。这裙子非常便宜,黄蕙兰就买了不少带到巴黎。她选择在晚宴上穿着这种裙子,在当时的巴黎也引起了不小的轰动,这种古董裙的价格也因此被哄抬了几百倍。

在《弟子规》的谨篇就有"冠必正,纽必结,袜与履,俱紧切"的原则,孔子也曾经苦口婆心地说道:"人不可不饰、不饰无貌、无貌不敬、不敬无礼、无礼不立"。可见,学习服饰礼仪不仅关系到一个人的自身形象问题,同时也是个人修养的体现。

品位也许需要一些天赋和天资,但是品位也需要资本,更加需要时间的积累和岁月的历练。所以,作为中产阶层的女性,在资本无忧的情况下,就要注意学习和积累。要相信时间越久就能越了解自己,慢慢就能知道自己最想要什么、最适合什么,而最适合自己的往往就能凸显自己的优点,也就能穿出自己的品位。

当然,提升品位固然需要长时间的积累和岁月的历练,但也不是无规律可循，了解一些"品位戒律"往往能将提升品位的过程变得更加容易，例如注意在服装搭配上一些品位的死角和误区。下面就是三项有损品位的着装方式，也就是品位着装的三大戒律。

戒律一：内衣不留痕

中国有句古话："含而不露。"所以，无论我们穿什么外衣之前，首先要做的就是选择合适的内衣。不要让别人透过你的外衣就可看出你内衣的颜色和款式。在穿浅色外衣时可以搭配肉色内衣。我们常说，内衣不留痕。

对于背部脂肪厚、腰粗、腹部大的女性，如果外衣穿针织类等较贴身的服装，一定要穿塑身内衣，否则，文胸的勒痕在后背清晰可见，背部、腰部、腹部的赘肉也会露出来。

内裤应该把臀部包裹起来，不要把臀部勒出难看的凹凸痕迹。最好穿平角内裤，如果一定要穿三角内裤，外面一定穿提臀塑形裤。总之，选择塑身内衣的原则是贴身而不紧身，布料和设计的选择也至关重要。

戒律二：不可轻视腿部的"第二层肌肤"

丝袜相当于女人腿部的第二层肌肤，虽然丝袜在整套服装中所占的面积不大，但是丝袜的装饰功能很强，可以很好地修饰肌肤的质感和腿部的线条，不仅给人一种视觉上的礼貌，也能提升线条的美感。女人总是离不开丝袜，而丝袜也是女人浪漫与性感的最好体现。丝袜是千变万化的，宣扬着女性的柔媚与妖娆，表达了女人对时尚的追求与生活的品位。

优雅、成熟的女性适合穿肉色透明和黑色透明的丝袜，而其他颜色的丝袜在服装搭配上则难度较大，特别是彩色或镂花丝袜，适合于个性的服装与年轻的女孩。

穿职业套裙的女性一定要穿丝袜，但切忌穿彩色或镂花丝袜。穿露脚趾或露脚跟的凉鞋时不宜穿丝袜。穿丝袜出门时手包里一定要记得带一双备用的丝袜，对于抽线勾丝的丝袜应该立即扔掉。

戒律三：品质是一种经济的选择

人们都喜欢用最少的钱买到最好品质的商品，但根据经济学原理，这种机会是很小的。所以当我们无法正确鉴别面料的好坏时，把价钱作为衡量标准也不失为一个好方法。可能有人会说："我没钱怎么办？"其实这不是钱的问题，而是观念的问题。

两条裤子即使款式一样，但是由于面料和裁剪不同，穿出来的效果肯定也不同。所以为什么要花同样的钱却选择品质差的衣服呢？唯有优良的质地，才符合女性的独特魅力。中产阶层的女性不要盲目追求衣服的数量，而要追求衣服的质量。

我们在买衣服时不要只考虑单位价格，而要考虑单次价格。单次价格是指用衣服的价格除以总共穿的次数。经典款式的衣服，品质好是首选。便宜货其实也是一种浪费，等于穿过即丢；高品质的衣服，虽然一次性消费多，但是从长远的角度来考虑，这种消费方式，不仅体现了高品位，而且更经济。

好婚姻，靠修行

内外兼修是女人的必修课

一个女人美丽不仅仅是指她的外表，还要看她的内心。一个女人即便是有沉鱼落雁之容、闭月羞花之貌，如果没有内涵，丧失了温柔，那么也可能会金玉其外、败絮其中。

女人的美不仅表现在外表，还要有内在自然散发的一种摄人心魂的气质。这就需要女人有一定的内在修养，即学识修养。一个有修养的女人，懂得尊重别人，善待他人，始终保持甜美的微笑。

总之，对一个女人来说，内外兼修是必修课，在注重外在美的同时，不断提升内在修养，做一个真正有魅力、有气质，而且温柔又漂亮的好女人。

在生活或工作中，许多女性因为拥有智慧和才华，举止优雅得体，因其内在的品质压倒了外表上的欠缺而顿然生辉，这样的女性往往具有一种从心灵深处源源不断溢出的摄人心魄的魅力。内在的高尚修养和高雅气质足以弥补其外在的不足。女人只有深层次地挖掘这些内涵特质，才能更好地展示自己的魅力。

第四章 修炼你的独家秘籍

女人的容貌是"养"出来的。内养是根,是学识、阅历、气质、品行、世界观,是精神和心灵;外养是形,是养生、美容、化妆,是驻颜有术,花开不败。

周景是某大公司的高级主管,熟悉他的朋友都知道,他在外面有了情况。原来,周景的太太美茜是一个生活朴素的人,她总是穿着一身过时的衣服,更不会修饰自己,和周景公司其他几个主管的太太相比,美茜简直是土得掉渣。但美茜认为,自己是什么样的人,丈夫已经很清楚了,没必要再去修饰自己。自己只要料理好家务,教育好孩子,做一个贤妻良母就行了。

周景从不带妻子出去,彼此的交流也很少,美茜觉得丈夫渐渐地在冷落自己。

有一次,美茜将自己的苦恼说给朋友听,朋友告诉她:"周先生是公司里的高层,时常会出席一些重要的活动,对于自己妻子的要求当然要高一些,不然,一个邋遢的妻子怎么带得出去呢?再说,任何一个丈夫都希望自己的妻子打扮得漂亮一些,这样在朋友面前才有面子,自己也会更喜欢。周先生在外面花心,可能也与你平时的邋遢有关。"朋友建议美茜,"你应该多打扮打扮自己,这样他对你的感觉肯定会不一样的。"

美茜听了朋友的话,于是下定决心改变自己。

三分长相,七分打扮。周景在看到打扮后的美茜时,被惊艳到了。没几天,在出席公司一个聚会的时候,他把太太美茜也带了过去。结果,公司的同事都大赞周景的太太很漂亮。

谁也无法抗拒岁月给容颜和体态留下的印痕，时间可以扫去女人青春的容颜，却扫不去女人经历岁月的积淀之后，焕发出来的美丽。这份美丽就是女人的内涵、修养与智慧。有韵味的女人的美丽不仅仅流露于表象和姿态，她年轻依旧的心在都市流动的喧嚣中悠然地保持着一份宁静，在淡泊中轻轻地掌控着生活的脚步。

那么，究竟怎么才能做到内外兼修呢？

1. 于内，身心平衡

身，保持营养均衡的饮食、适量运动的生活习惯，才能有健康的体魄，由内而外展现出完美的状态。心，提高思维能力，扩展学识视野，沉淀阅历和知识，面对生活的各种挑战，也可以从容淡定、波澜不惊。

2. 于外，对肌肤容貌应当尽心养护

肌肤细腻，无瑕紧致，才是一个女人最完美的外在状态。细致水润、年轻无瑕的肌肤，能让你时刻显得精神饱满，活力四射。

第四章　修炼你的独家秘籍

保持优雅的气质，让男人着迷

有一句名言："一夜之间可以出一个暴发户，但三代也不一定能培养出一位绅士。"绅士不是一夜之间造就的。同样，女人的优雅也是着急不来的事。优雅是一种恒久的时尚，它是一种文化和素养的积累，是修养和知识的沉淀。

歌德说："外貌只能炫耀一时，真美方能百世不殒。"一个女人的真正魅力主要在于其特有的优雅气质，这种气质对同性和异性都有很强的吸引力，这是一种内在的人格魅力的折射。

气质美看似无形，实则有形。它是通过一个人对待生活的态度、个性特征、言谈举止等表现出来的。女人可以凭借自己漂亮的容貌吸引男人的眼球，赢得极高的回头率，但真正能让男人为之倾倒的是女人蕴含如诗的美丽气质！容颜经不起岁月的侵蚀，但气质却是永恒的。一个懂得修身的女子只会被岁月打磨得更加光彩照人，魅力四射。因此，女人最经久的美在气质而非美貌，在修养而非外表。

优雅的女人必定是心灵纯净的人，净化心灵的最好办法是吸取智

好婚姻，靠修行

慧，吸取智慧的最好办法是阅读。知识可以培养女人的优雅。

英国王室曾上演了一场轰轰烈烈的爱情故事——为了一个叫沃利斯·辛普森的美国女人，爱德华八世放弃了国王的宝座——这就是家喻户晓的"不爱江山爱美人"的爱情传奇。

当时在多数人看来，爱德华八世娶的女人并不美：四方下巴，相貌普通，而且还离过两次婚。但在爱德华八世的眼里，她是这个世界上最美丽的女人。

就是这样一个相貌不美的女人，不仅赢得了一个男人的爱，而且还让其他女人羡慕不已。她的内涵是丰富的，她的气质是高雅的，她身上散发着一种无法抗拒的吸引力。

一个容貌美丽的女人未必优雅，而优雅的女人一定"美丽"，因为她的知识和智慧会让你信任她，她的细腻与关爱会让你依赖她。

优雅的气质与丰厚的知识底蕴是分不开的，聪明的女人懂得人生的意义不在于长度，而在于宽度，她们把自己当作"蓄电池"，用电后要及时补充满格。

露西尔·莱休后来成了妇孺皆知的好莱坞明星琼·克劳馥，她的成就完全是不懈努力的结果。她的经历十分坎坷。小时侯家里穷，露西尔·莱休就在斯蒂芬女子学校的食堂里做侍者，以此来维持生计。然而，她很好学，和小伙伴们用一些破旧的箱子，在马棚里搭了一个舞台，点了一盏汽灯来模仿舞台的水银灯，她在这样艰苦的环境下学习走猫步。后来，她决定去接受更多的教育，于是就

第四章　修炼你的独家秘籍

　　到密苏里州的斯蒂芬女子学校学习，但是她手里一分钱也没有。她穿着别人不要的旧衣服，在学校餐厅做侍者是为了免掉食宿费用。从小到大艰苦的生活没能摧毁她想走上舞台的梦想。她从别人那里借了点路费，回到了堪萨斯城，开始不辞劳苦地工作、攒钱，锲而不舍地学习。一直以来，她刻苦学习各方面的知识，为了唱好各国的歌曲，她还学习了法文、英文；为了保持自己的良好形象，她开始了减肥。这一切都只是为了在歌唱艺术上做得更好。

　　现在的她无论走到哪里，都有成群结队的崇拜者追随。虽然她算不上是最美丽的女人，可她却成了银幕上最靓丽的明星之一。

　　美丽出于天然，而气质却须经过后天培养方能形成。许多并不美丽的女人因为自身独特的气质，总能在熙熙攘攘的人群中，卓然挺立。像刘若英、杨澜、麦当娜、伊丽莎白……虽然她们没有倾国倾城之色，却是那么令世人瞩目，她们是女性的骄傲，她们的骄傲正是来自由内而外的气质！气质是女人一件永不褪色的化妆品！

　　女人的优雅不在于年龄，也不在于美貌，尤其在一个气质女人身上，看见的是那种气定神闲的微笑，那种宠辱不惊的淡定，那种风过无痕的从容。经历过的，感悟过的，惊喜过的，忧伤过的，一一沉淀在心，积存深厚，凝结成幽深的一个眼神，一个嘴角不经意的微笑。

　　女人们渴望优雅的生活，却常常在现实中迷失自我，随波逐流。要想找回自己，学做一个优雅从容的女人。人生，因静而从容，因从容而优雅。做一个优雅安静的女人，要懂得爱自己，学会感受生活，内外兼修。是自己的，学会珍惜；不是自己的，试着放下。不以物喜，不以己悲。

好婚姻，靠修行

　　做一个优雅安静的女人，要相信爱情，知道付出不一定有收获，不付出就一定没有。凡事尽力就好，绝不奢望奇迹出现！

　　做一个优雅安静的女人，要学会舍得。当你真正学会舍弃那些曾经对你看似很重要的东西的时候，上天会为你打开另一扇窗。要知道，上天永远不会亏待热爱生活的人！渴望今生，做一只优雅自在的蝴蝶。

　　法国有句格言："优雅是年龄的特权。"一个女人直到生命终结的时候都可以是优雅的。

　　做一个优雅女人其实并不难，只需从身边的小事做起，依靠后天的修炼就能达到优雅的境界。

第五章
Chapter 05

好丈夫是好女人打磨出来的

好男人不是天然存在的，犹如黄金不是天然存在的一样，这个世界上，裸露的只是矿石。聪明的女人善于慧眼识矿，找到最好的原料，然后慢慢磨砺熔炼，从而打造出一个完美的男人。

第五章　好丈夫是好女人打磨出来的

把风头留给他，风采留给自己

　　聪明的老婆懂得把风头留给老公，风采留给自己。女人都希望老公可以对自己独一无二，将自己捧在手心。但是，男人也是需要哄的，尤其是在爱面子这件事上，每个男人都有。如果想要让男人更爱你，就要学会做一个聪明的老婆，在适当的场合为男人留足面子。

　　聪明的老婆应该懂得为男人留面子，给老公恰当的尊重或面子，是夫妻相处之道中能达到和谐的一个踏脚石。

　　在一次聚会上，若芹在寒暄敬酒之时，对着邻座的刘太太说："还是你老公会赚钱，我老公每个月的收入还不到你老公的一半呢！"当时，一旁的若芹老公听老婆竟然如此坦诚，立即脸色大变，只因自己是被请的主客之一。为了不让当时的场面太过尴尬，他立马站起来，说："我突然想起来我的车子还停在路边，可能会被拖走，我去挪一下车，待会再回来。"若芹老公说完就走了。所谓的去停车，只不过是一个借口罢了。

好婚姻，靠修行

　　每个人都希望被尊重或活得有尊严一些。任何人都不希望自尊心受损，不喜欢受人羞辱，更何况是在自己熟悉的人面前被老婆贬损。

　　同样为人妻，有的女人可以得到老公无尽的宠爱，走到哪儿带到哪儿。有的女人却被老公厌弃，不愿意带她们出席任何场合。究其原因，是女人不懂得为男人留面子。

　　曾有一项调查中问道：男人的死穴是什么？一万名参加调查的男人中，竟然有73%的人回答说：男人的面子就是男人的死穴。男人需要面子，男人也最怕失去面子。由此可见，用"死要面子活受罪"这句话来形容男人一点也不为过。

　　但有的女人就不给自己的男人留面子，不管在什么场合，在什么人面前都会数落自己的男人，把他说得一无是处，这让男人很没面子，很难堪。要知道男人虽然外表看上去"粗枝大叶"，但内心并不像外表那么坚强。因为他们要在外面打拼，比较在意别人的看法。已婚的男人，他的面子很多时候是妻子给的。面子，虽说不能当饭吃，但也是很重要的一个精神因素，因为它关系到一个人的自尊。在生活中，人不只是吃饭、穿衣那么简单，所以许多时候男人很在乎妻子对他的评价。

　　女人应该明白给男人留面子，同时也可维护男人的尊严，也是女人自信的一种表现。把丈夫贬得一无是处，既然他这么差，你还跟着他干什么？用"物以类聚，人以群分"的观点来看，你不也和无能的他一样了吗？在不给丈夫面子的同时，也丢了自己的面子。

　　春节期间，同学聚在一起吃饭，六对夫妻都去了。其中有一个同学过得不是太好。这个同学的妻子看到别人家都是开车来的，就

第五章　好丈夫是好女人打磨出来的

对她老公说："你看你们某某同学多能耐，人家自己买了房子、买了车、孩子上了重点学校，而你呢？就挣那点死工资，这辈子也就这样了，窝囊透了……"同学的妻子话音刚落，同学的脸便阴沉了下来。另一个同学见状赶紧提议大家一起来干一杯，这才把话题岔开。实际上，同学的妻子是实话实说，但她忽略了一点——那就是男人的面子。

女人，给足男人面子，还要多多练心。女人的修养、谈吐、风韵、智慧、笑容，都是帮衬男人面子的重要组成部分。不断地给丈夫留点面子，花心思维护自己男人的面子，是夫妻关系相处之道中能够达到和谐的踏脚石，也能给婚姻留下更多的缓冲地带，让婚姻多一分美满，少一些遗憾。

　　天薇的老公云浩是做生意的，一天到晚应酬不断。但天薇从来不会在云浩应酬时，频频打电话催他回家。天薇认为夫妻之间最基本的是信任。

　　天薇也曾与云浩的朋友出去玩，看着他朋友被老婆左一个电话右一个电话地催促，场面好不尴尬，甚至被人笑称为"妻管严"，天薇不想老公也生活在这样的阴影下，男人也需要自己的独立空间。因此，如果老公应酬太晚了，天薇会发个短信提醒他不要喝太多酒，她在等他回家，而老公云浩也向来很自觉，即使再重要的应酬，也会在晚上12点之前赶回家。

　　天薇深知"夫妻之间关起门来，说什么都可以，但是在外面，

好婚姻，靠修行

女人一定要控制好自己的脾气"这一道理，所以不管是在长辈还是朋友面前，天薇都会给老公留足面子。结婚多年，他们也经常吵架，但是绝不会在别人面前吵。与云浩出外和朋友吃饭时，天薇总是一副淑女的样子。男人都喜欢吹牛，云浩也不例外，看着他眉飞色舞地说着，天薇都是微笑地看着。记得有一次，有个朋友开玩笑说，看到她老公带另一个女人出现，天薇就说："那说明我老公有魅力。"之后，那个朋友对云浩说："你老婆还真不错。"

虽然云浩赚得多，但天薇从来不过问他的消费情况：一是云浩本就属于比较节约的人，二是对云浩的一种尊重，三是男人身上没有钱不行。天薇希望丈夫与自己的相处是开心的。每次与云浩的朋友吃饭，看到云浩豪爽地埋单，还有朋友们眼里的那份羡慕，天薇觉得很值得。云浩告诉过天薇，他有些朋友结婚了，就被老婆控制住了经济大权，因为怕他有钱就变坏，而天薇对他的这份宽松，让他感觉很有面子。

面子，对男人来说，是没有任何东西可以代替的。有人说，男人什么都可以丢，就是不能丢了面子，也有人说男人的面子是女人给的，而作为男人的另一半——女人，又该如何学会在各种场合给足男人面子呢？

1. 聪明的女人会示弱

在男人面前，聪明的女人要懂得示弱，特别是在涉及男人面子的问题的时候。

第五章　好丈夫是好女人打磨出来的

刘潮在北京开了一家餐馆，生意兴隆。一日，餐厅打烊又遇妻子河东狮吼，刘潮在情急之下逃至桌下。而这一幕恰好被返回来寻找丢失东西的客人给撞上了。这时，八面玲珑的妻子急中生智地拍了拍桌子，说道："我说抬，你非要扛，正好来帮手了，下次再用你的神力吧！"刘潮顺坡下驴直夸妻子想得周到，轻松化解了一场面子危机。

2. 聪明的女人要谦和

不要以为你告诉了他，他就会按照你的要求去做。当我们希望得到既定的结果时，一定要为对方的接受程度考虑。比如他在刷过牙后总忘记把牙膏盖盖上，你就多说几句"请"，而不要向他频频甩出"不要""不准"之类的话，那样他一定会欣然接受，而不会恼羞成怒，破罐子破摔。

3. 聪明的女人内外有别

不管在家里把老公当成电饭煲还是吸尘器，一旦涉及他的面子时，特别是在外人面前，你一定要小心谨慎。给他足够的面子，你才能获得"高额回报"。

4. 聪明的女人可以陪他一起流泪

其实男人很累，睁开眼便是各种责任和义务，他们不敢承认自己也有非常脆弱、需要关怀的时候。在他志得意满时，请给予他足够的欣赏；当他遭遇了不公或挫折时，不妨陪他一起流泪。

好婚姻，靠修行

5. 聪明的女人多练心

记住，不是操心，是练心，如果你想给足男人面子，还要多多练心。你的修养，你的谈吐，你的风韵，你的容颜，你的智慧，你的笑容，都是帮衬男人面子的重要组成部分。要不然只有玉树临风，没有佳人相伴，那面子最外层的金边该怎么贴呢？

第五章　好丈夫是好女人打磨出来的

打进老公的"男人帮"

没有朋友的男人绝大多数一辈子也成不了大器。俗话说，一个好汉三个帮。一个连朋友都没有的男人就别指望出现可以帮到他的人了。不管是在工作层面，还是在事业发展过程中，男人的朋友圈子是至关重要的，交际广泛和人脉资源丰富的男人，做什么事情都容易有成就；没有朋友的男人犹如盲人骑马，不知道路在何方。所以，朋友对男人而言有重要的帮助作用。可偏偏就有些女人在婚后会去干涉和限制老公的朋友圈子，甚至还会发生强力主导老公可以跟某些人做朋友以及反对跟某些人有来往的可笑现象。要知道，男人天生就是外交家，广交朋友是男人的基因决定的，也是男人骨子里的东西，不是女人想禁就能够禁止得了的。

聪明的女人不但不会阻止老公和朋友交往，还会想方设法打入老公的朋友圈，与老公的朋友和谐相处。

其实，打进老公的朋友圈并不是一件困难的事情，只要你明确自己的立场，多动动脑筋，就一定能在老公和他的朋友之间处理得游刃有

好婚姻，靠修行

余。这样，你不仅在生活中会多一些朋友，而且有了他朋友的支持，你们的关系一定会少不少危机。聪明的女人要懂得"化敌为友"，与其吃老公哥们的醋，不如将他们变成生活里的糖。

玉琪的老公是个善于交际的男人，结婚之前，玉琪就知道他的好哥们很多。这不，新婚不久，玉琪就感觉老公已经开始不属于自己了。下班回到家，只要朋友的一个电话就能轻松把他叫走。"老婆，我今天晚点回家，和几个哥们聚聚。""老婆，别等我了，我和大猫、狐狸他们吃饭去了。"

玉琪常常独守空房，对他的哥们更是恨得咬牙切齿："活活抢走了我的老公，简直就是第三者！"

老公也曾邀玉琪一起前往。但一想到一群男人在那儿胡侃吹牛，烟酒不断，玉琪总是把头摇得像拨浪鼓。

一个周末，在老公的再三劝说下，玉琪终于参加了他们的聚会。没想到，和男人们聊天竟然让她受益匪浅。他们的眼光和女人的不一样，在一些问题上反而给玉琪不同的思路和启发。

玉琪原以为男人只有在女人面前才有幽默细胞，没想到几个男人间幽默的火花更多，玉琪数次被逗得笑到肚子疼。玉琪也知道了老公上学期间的很多糗事：用脸盆盛面条、半夜翻围墙回宿舍跌了个嘴啃泥……

和他们在一起，既能增长见识，又能多了解了老公的过往，何乐而不为呢？

后来，玉琪还请他们到家里来聚会，做他们爱吃的下酒菜，泡他们爱喝的龙井茶。心血来潮时，她还会偷偷问其中几个朋友：

第五章 好丈夫是好女人打磨出来的

"怎么样，胖子最近有什么不良动态吗？"果真是吃人嘴软，哥们立马瞪圆了眼睛："嫂子，你放心，就是借胖哥十个胆，他也不会有外心的。即使有，你放心，兄弟我一定会将它消灭在萌芽状态！"那副信誓旦旦的样子，仿佛他是玉琪的心腹，让人忍俊不禁。

有一次和老公吵架后，玉琪一个人跑了出去，怎么都不接他的电话。很快，他的哥们轮番来电："嫂子，你在哪儿啊？我们在你最爱的红京鱼订了桌，你赶紧过来吧。"玉琪可以不搭理老公，可对着一群热情地叫她"嫂子"的人却冷不下脸面。等玉琪打车过去，一群人向玉琪挥手，老公果然坐在中间傻傻地笑着。还别说，没有他们的掺和，真不知道该怎么给他一个台阶下。席间，老公聊到兴头上，又将他的真心话讲了出来："朋友如手足……"玉琪佯装怒气地等着他说下一句，一个哥们很快接过话头："嫂子如头颅！"老公终于在一群人的哈哈大笑声中醒悟过来，连连点头。

有了老公的哥们做坚固的后盾，老公还能逃出玉琪的手掌心吗？

由此可见，打进老公的"男人帮"有多么重要，那么，怎么才能打进老公的"男人帮"呢，女人们还是要学会一定的技巧。

1. 尊重

朋友是他生活的一部分，对他的朋友表示尊重，也是对他的尊重。可能你并不喜欢老公经常和朋友黏在一起，或许你本来就很讨厌他朋友那种人，可是千万别冲动地把这种情绪一股脑地发泄到别人头上。如果你有自己的想法，不妨找个合适的时机与老公好好交流一下，这才是成

好婚姻，靠修行

熟的做法。

2. 打开话匣子

男人之间总有男人的话题，初次见面，作为女性融不进去是最常遇到的状况。最好的办法是，找到一个大家都熟悉的人或事聊一聊。无疑，你的老公就是最好的打开话匣子的话题，"揭发"一下他的小秘密，讲讲他临出门之前磨磨蹭蹭差点迟到的事。一旦话匣子打开，话题便会一个接着一个。

3. 保持好奇心

足球、政治、发展、创业，男人之间的话题或许你原本并不感兴趣，不妨保持一颗好奇心，多听听，感兴趣的地方可以问一问，这样的表现不仅会给人留下可爱的印象，你自己也可以借机开阔眼界，增长见识。

4. 面对"尴尬"的话题

和他的朋友一旦混熟，这个问题不可避免。有两个不错的方法可以避免面对"尴尬"话题：一是借机溜走，比如说要去趟洗手间；二是找机会转移话题。

第五章　好丈夫是好女人打磨出来的

女人应该懂得为老公减压

　　男人的压力通常情况下会大过女人，所以，男人通常会自嘲为"难人"。社会赋予了他们家庭经济支柱的角色，他们要时刻关注家庭的经济状况，关注自己妻子、孩子的生活质量。为了让家庭生活有所起色，男人会在外面努力打拼。贤惠的女人把家收拾得清爽、干净，让丈夫一回到家就有温馨舒适的感觉，这也是女人为男人提供的最好的减压方式。

　　家是一个人最为私密的空间，是让人最放松的地方。所以，男人们希望能够在家里释放自己，甚至表现出脆弱的一面。

　　然而，我们看到的是，很多女人把家变成了丈夫的第二个战场。她们不是嫌丈夫不够精明，不会讨好上司、升迁太慢，就是抱怨其赚钱不够多、不够快等。男人在这种环境中，又怎么能休息好、攒足力气再出去打拼呢？

　　宜丹喜欢整洁，每当丈夫回家将衣服、报纸、文件到处乱放

好婚姻，靠修行

时，宜丹就马上整理，还一边整理一边唠叨：你以后不要再乱放了，你要怎样怎样，不能怎样怎样。总是用这种管教孩子的方法去管教老公。后来，在学了经营婚姻和家庭的知识后，宜丹认识到了自己的不足，决定以后不再抱怨，这样家庭关系也会变得更加和谐。

一位事业做得风生水起的男士曾经对他的朋友倾诉："在外面拼搏的时候，我感觉自己像是一个水手，在海上和风浪搏斗；当我回到家里，真希望那就是个温柔乡，有一只温柔的手过来抚摸我的头。"

男人在辛苦了一天后，回家时可能会因为压力而紧绷，但若太太对他表示满意，他的压力就会消失。当劳累了一天的男人回到家中，女人送上一杯热茶，端上可口的饭菜，都能让男人感到无比欣慰。男人除了拥有强壮的体格，还拥有比女人更脆弱的心灵。这种"强大"和"脆弱"是极端的。女人不但要欣赏男人的"强大"，还要学会呵护男人的"脆弱"，用宽容的心去包容，用知性的话去劝慰。让人感到温暖、感受到爱的女人才是真正懂男人的女人。

在现实生活中，经常可以听到有男人抱怨：现在的女人，太缺乏温柔了，一点也不关心自己的老公。男人在说这句话时，怀着极其复杂和矛盾的心情：一方面，因为女人从繁杂的家务中走来，平等地与男人站在社会竞争的前沿；另一方面，由于传统的男主外、女主内的思想仍然根深蒂固地扎根在一些男人心中，造成他们白天在职场拼杀，夜晚身心疲惫却无处卸载，他们更希望有一个女人为他守候，并主动地爱他。

因为压力大，男人有时候会去找一个地方冷静一下，发泄一下。当他们回到家中，需要女人关心自己，让自己有一个减压的地方。可是，

第五章　好丈夫是好女人打磨出来的

当男人从外面回来的时候，女人的第一句话便是"你去哪了?"。这句话如果是从女人温柔的小嘴里飘出来的，倒是让男人感动一下，它体现的是女人对男人的关心，因为这句话后面隐去的是"我都担心死了"。若女人是用横眉质问的方式说出这句话，就会让男人反感，因为这和警察审问犯人毫无二致。一部分女人在发问时，往往抱的就是这个态度，似乎只要男人不在女人眼前出现，就是在外面鬼混。

其实，男人应该拥有自己的生活空间，这个空间是自由的，毕竟男人有着自己的事业和交际圈，爱他就要相信他，相信他就要给他呼吸的空间，一两次责问可以，多了就会让彼此产生隔阂。

对待男人要像放风筝一样，给他们充分的空间，让他们自由地在天空中飞翔，但要小心地控制着风筝线，女人在任何时候都要做到收放自如，这是欲擒故纵的方法。

当男人有压力时，他在家会变得比较冷淡，也会靠看电视或看书来消除压力。男人们在有压力时的主要症状是冷淡、不满和封闭自己。当女人觉得男人不像以前那么体贴时，不应立即下结论认为他不再爱你，这可能只是他有压力的征兆。

　　寻雁和君豪是一对夫妻。君豪在外面工作了一天，晚上就想看看电视，放松一下。由于夫妻二人的兴趣不同，晚上看电视时就由争论转为了"战争"，结果，夫妻二人一夜无语，双方都在酝酿更大规模的"战争"。早上起床的时候，寻雁比平时晚起了约半个钟头，此时的她不想给这个没良心的男人准备早餐。寻雁手忙脚乱地收拾着上班的东西，却顺手泡了一杯清茶，放在桌上，便大踏步离去。

139

好婚姻，靠修行

　　君豪有慢性咽炎，一年四季，总喜欢捧着一杯清茶，寻雁每天起来都有为君豪泡清茶的习惯。但今天的这杯清茶只是她的习惯使然，而不是向君豪低头的工具。当君豪起床时，一看到桌子上那杯热气腾腾的清茶时，心头一热，眼泪便在眼眶里打转。

　　君豪小跑着出门，朝着正大步向前的寻雁喊道："老婆，你忘了带一样东西。"一肚子火气的寻雁停下了脚步，回去找自己的东西，可找了半天也不知道自己忘带了什么。她突然想到可能是丈夫在耍她，恼怒地想抽身离去。君豪却一把将她揽在怀里，吻了她一下，说："你忘了吻我了！"寻雁的心一下子就融化了。

当男人有压力时，女人首先应该表示出百分百的理解和支持，让他觉得即使再苦再难，你也会陪着他一起经历。有些男人喜欢独自解决压力，这时女人要适当地给男人一定的消化空间。当男人主动找你沟通时，女人们应当以多疏导、多鼓励为主，或许他不需要你提出具体的解决方案，但是你的精神鼓励肯定能让他重新充满力量，更好地面对压力。

家是一个港湾，它是男人们在外面披荆斩棘后可以休憩的地方。女人们只有把家庭打造得温馨、温暖、舒适，男人们才会更爱这个家，更爱你。

第五章　好丈夫是好女人打磨出来的

做男人的"心灵按摩师"

在竞争激烈、崇尚物欲的今天，男人们像一匹匹上了套的马，不论愿不愿意，不论是不是千里马，都得撒开蹄子朝前跑。身心俱疲的男子回到家，最需要的不是身体的按摩，而是心灵的慰藉。每个聪明的老婆都应该是男人的心灵按摩师。

妙悦的老公宁涛有一个红颜知己阿菱。妙悦曾经见过阿菱几次，也信任宁涛和阿菱之间没什么，虽然他们之间沟通得很好。

宁涛和阿菱一个月总会见上一两次面，在茶楼里聊聊天、喝喝茶。每次和阿菱聊完天后，宁涛总会轻松愉快许多。妙悦虽然心里酸酸的却又不好说什么。一次，当妙悦给老公再一次做完按摩后，穷追不舍地旧话重提时，老公宁涛说："你们的差别在于，你仅仅按摩了我的身体，而她按摩了我的心灵。"妙悦一时间竟说不出话来。原来，男人更需要的是心灵上的抚慰。按摩男人的身体不如按摩男人的心灵。

好婚姻，靠修行

　　妙悦被公司裁员后，就做了全职太太，每天在家相夫教子。宁涛在一家IT公司做事，收入丰厚。妙悦很满足于这样的生活。

　　然而没过多久，宁涛任职的公司因经营不善要裁员，他竟然也在其中。虽然宁涛很快找到了新工作，然而职位和薪水都不能和原公司相比，新的单位人和人之间的关系与他以前单位很不一样，宁涛还没有完全适应新的环境，为此，宁涛感到焦躁烦乱，郁郁寡欢。回到家里，宁涛总是会对妙悦和幼小的儿子发火。

　　为此，妙悦和宁涛没少吵架。但每次吵过后，宁涛都会去找他的美女至交阿菱喝茶聊天。妙悦不想输给阿菱，自己的老公应该由自己安慰才对。

　　于是，妙悦收起了自己的火气，像对待一只受伤的小鸟那样，以老婆特有的温情劝慰老公宁涛那颗焦虑的心。

　　在宁涛发火的时候，妙悦一直默默不语，虽然有时她的眼眶里已噙满了泪水。宁涛也发觉了自己失态，愧疚地低下了头。然而，此时的妙悦反而会默默地为他泡一杯茶，开始轻言慢语地做他的思想工作。

　　在妙悦的劝慰下，宁涛逐渐平静了下来，一把将妙悦紧紧地搂在怀里。

　　从那以后，老公宁涛有什么烦心事都会和妻子妙悦说。妙悦从女性的视角替老公宁涛分析问题。有些疑问当夫妻俩都解决不了的时候，妙悦便告诉老公宁涛要以一颗沉着的心去面对。每天早上，妙悦看着老公精神饱满地迈着轻松的脚步走出家门时，她心中便充满了无限的欣慰。宁涛也很久没有与他的红颜知己阿菱联系了。

第五章 好丈夫是好女人打磨出来的

每个聪明的老婆都应该是男人的心灵按摩师，应该知道他最需要的是什么。那么，女人们如何做一个合格的心灵按摩师呢？

1. 要学会倾听

女人首先要记住一点，那就是一定要学会倾听，而不是去说或做。老公下班回家后，也许常常会唉声叹气，满腹牢骚。有的女人听到老公唠叨后，以为发生了什么大事，不听老公说完就开始为他出谋划策。其实老公发牢骚，大多数情况下只是跟你"撒娇"而已，谁让你是他最亲近的人呢？大多数时候，他需要的只是一个倾听的对象，而不是一个谋士。所以，此刻你要做的，就是献出你的耳朵耐心地倾听就够了。

2. 别给他压力

很多时候，男人已经在外面承受了很多压力，所以回到家里你就不要再给他添加压力的砝码了。尤其是当你的男人遭遇事业的滑铁卢时，更不要唠叨个没完，此时的唠叨对他来说就是最严重的施压行为。也不要为了家庭的经济状况说一些埋怨或担忧的话，这除了会让他觉得自己没用之外，没有任何实质的作用。

3. 要学会赞美

男人在潜意识里都非常希望得到别人的尊重，尤其是自己爱人的尊重。如果他没有从你那里得到这种尊重，他会觉得颜面尽失，前进的动力也会消失。因为他觉得自己所做的一切都是为了这个家，但是却没有得到肯定，那他再拼命做下去的意义又在哪里呢？所以，老公是要"捧"的，适度的赞美和夸奖会让他感觉良好。所以，多跟他说"你真行""你真细心""你真棒"之类的话吧!

4. 用温情温暖他

女人的温情是夫妻感情最好的润滑剂,也是男人休养生息的源泉。当他累了一天回到家时,你的一句"今天辛苦了"会让你的老公受用至极,疲惫尽消,就算再苦再累,他也会觉得值了。女人必须学会运用自己的温情,因为这是对男人心灵最好的抚慰。

关心一个男人,并不仅仅要关心他丰衣足食、身体健康,更重要的是关心他的内心世界。也许你不会按摩男人的身体,但你一定要会按摩男人的心灵。女人,用心操练起来吧,做自己男人的"心灵按摩师"。

第五章　好丈夫是好女人打磨出来的

好男人是"捧"出来的

在男人心里，他们希望女人能崇拜他、尊重他，并将他视为她的偶像。一个男人在自己所爱的人面前，他总想把自己最完美的一面展现给她。如果你对他的表现做了肯定，他就会觉得你是真正懂得欣赏他的人，也会在你面前感到无比自信和骄傲，会坚定他爱你的信念，愿意为你做出更多的事。

女人会"捧"，再懦弱的男人也会阳刚几分；女人不会"捧"，再刚强的男人也会阴柔几分。聪明的女人应该学会用欣赏的眼光和激励的话语去挖掘男人的智慧和潜力。即便你的男人是一个普通人，你也要用伯乐一样的慧眼去发现你的那匹千里马不为人知的闪光点，你也要用自己的激情和爱去为他鼓掌捧场。

特别是对于深爱你的男人，你更要多多欣赏他、"捧捧"他，这样可以恰到好处地满足男人心中那与生俱来的小小虚荣心，使男人变得更加刚强，让男人更像男人。

俗话说："婚前挑缺点，婚后看优点。"女人一个崇拜的眼神，即便

好婚姻，靠修行

是平淡的爱情，也会在这一哄一捧中开出绚丽的花、结出多彩的果。

依云的老公南林高大英俊、体贴浪漫，这让她身边的朋友嫉妒不已，但依云还是不知足，总觉得自己的老公在很多方面表现得还不够优秀。

南林有一份稳定并且收入不菲的工作，虽然资历不高，但也因为能力出众而早早当上了主管。南林的才华也是依云当初为之心动的原因之一。

但不知是满足于现在安逸的生活，还是思想上产生了惰性，最近一段时间，依云发现老公南林有些不求上进。每天工作时中规中矩，不求有功，但求无过，以至于别人都纷纷升职加薪了，而南林却还是一个小主管。

虽然依云并不指望老公将来大富大贵，但希望至少能看到他在进步。更何况以老公南林的能力来说，这并不是什么难事。依云知道，老公就是有些懒惰，觉得现在的生活过得不错，就懒得再去奋斗了。

每当依云拐弯抹角地把话题转到这方面时，南林总是嬉皮笑脸地对她说："我还不是想多留点时间陪你呀！"这样的话听起来好像也合情合理，令依云一时间无计可施。

依云陷入了苦恼之中，不知道怎样才能让老公重新燃烧起斗志。好朋友听到依云的唠叨，笑了笑说："这还不容易，你老公之所以现在不努力，是因为你们的生活过得不错。如果你的物质要求高了，你俩的钱不够花了，你看他努力不努力！"

依云觉得好朋友说得非常有道理，于是便依计行事，把自己平

第五章　好丈夫是好女人打磨出来的

时想买但又嫌贵的东西陆陆续续地"搬"回了家。老公南林起初并没有留意，可到了月末，账单上增加的一位数着实让他不由得吓了一跳。

依云在老公旁边逐一解释各种开销的理由，南林也觉得这些都是正常开销，可为什么这个月花费那么多呢？

看到老公紧锁的眉头，依云说道："要不我把这台电视机退回去吧，原来那个就是偶尔有点儿雪花，还能看。我是不是买的东西太多，你心疼了？"

"不用，不用。这台电视机买得挺好的！我以后会多努力赚些钱，这样你花起来就不用那么缩手缩脚了。"看着依云可怜巴巴的样子，南林赶快安慰道。

"你真好！我就知道你是最有能力的。"依云在老公脸上印上了一记香吻，心里乐开了花。

依云在一个月内购买了很多"必需品"，挥霍掉了不少钱。如果依云没有"低声下气"地向老公解释，而是理直气壮地指责老公赚钱少，一定会引发一场家庭大战。而依云的做法不但让老公南林没办法生气，还能够让他重拾上进心，可谓一举两得。

女人不经意间的赞美和安慰，最能感动男人。比如男人回到家，推门看见他的那一刻，不妨喊出他的昵称，相信你的一句"亲亲"或者"宝宝"，能让他一天的疲态全消；他修理好了家里的电器，你称赞他"真能干"，也会让他得意好久。女人只要抓住男人为你做的每一件事情，说出自己感激的话语，他会很乐意接着做下去。

女人的夸赞和请求，会让男人充满自信，而被需要、被崇拜的感觉会让他把聪明才智的潜能充分调动起来。经常听好话的男人为人乐观、

好婚姻，靠修行

处事积极，身边的女人自然也会更幸福。对于每个人来说，赞扬往往比批评更容易让人接受。所以，帮助男人改正缺点的最好办法就是表扬他的优点。比如一个男人爱喝酒，女人如果直接命令说"以后不准喝酒"或者气急败坏地抱怨"就知道喝酒，什么时候喝出毛病了你就高兴了"这两种规劝方式恐怕都不能阻挡男人喝酒的行为。但是，如果你说"男人之间的交际怎么离得开喝酒呢，但是我知道你是一个懂得品酒，懂得把握'度'的人，你知道什么时候不喝，什么时候少喝"，这样男人既理解了你的关心，也明白了你对他的信任，自然乐于接受你的规劝。

男人就像是一个长不大的孩子，所以，女人要是把握好男人的心理，恰如其分地扮演好男人的恋人、女儿、母亲、朋友等多重角色，多说甜蜜的话、幽默的话、赞美的话。

当然，除了当面对男人说好话外，背后说他的好话也会让男人很受用。跟男人的家人或朋友讲他的优点，夸赞他的才能，说出他刚做的得意之事，不但在外树立了男人的高大形象，而且当他从家人和朋友口里得知你说他的好话时，他肯定会对你宠爱有加。

对男人说好话就是要懂得赞扬，生活中发现了他的闪光点，就及时地将这个闪光点"放大"，满足他小小的虚荣心；对男人说好话就是要懂得虚心求教，遇到困难需要他的帮助时，你不妨"不耻下问"，满足他的表现欲；对男人说好话就是要懂进退。一个经常对儿子说"你真棒"的女人，可以创造一个欢乐、温暖的家庭；一个经常对男同事说"你真棒"的女人，可以营造一个和谐的工作氛围；一个经常对男性朋友说"你真棒"的女人，可以在人际关系中受人欢迎；一个经常对老公说"你真棒"的女人，可以让老公宠爱一生。女人的认可和肯定是对男人的个性和才能的肯定，相信他在不断努力、不断成熟，使男人获得动力，成为更好的自己。

第五章　好丈夫是好女人打磨出来的

别让唠叨毁掉你的婚姻

《圣经》中说："在地狱中，魔鬼为了破坏贞洁的爱情而发明了恶毒的办法，唠叨是其中最厉害的一种。它总能成功地破坏爱情，永远不会失败，就像眼镜蛇咬人一样，具有可怕的破坏力，甚至会置人于死地。"卡耐基在《人性的弱点》一书中也说过："唠叨是爱情的坟墓。"但是，很多女人并没有意识到这一点，她们甚至认为唠叨是一种爱，是为了能让男人改掉他们的缺点，从而成为更优秀的男人。

允诚经常向他的朋友诉苦："我娶了个'唠叨皇后'，再也受不了她吹毛求疵、无休止地抱怨了，我只想解脱。"

原来，每天从允诚回到家一直到上床睡觉，妻子半琴总是在不停地唠叨。她指责允诚早上出门时忘了带钥匙，抱怨邻居把一个吃剩的苹果核扔到她们家门前，讽刺小姑对她有失礼貌……允诚上班已经很累了，回到家就想好好休息一下，可是半琴的唠叨像是紧箍咒般让他越听越头疼。

好婚姻，靠修行

　　为了躲避妻子的唠叨，允诚还主动向老板要求加班或干脆到朋友家里，也不愿回家。

唠叨的女人会让男人感受到限制和压力，同时会产生一种不被信任的感觉，不知不觉将对方推到分裂的边缘；唠叨的女人会让男人认为她是在管教他、抱怨他、催促他，从而产生逆反心理，并且逐渐累积起一种憎恶，导致家庭矛盾，甚至家庭破裂。

陶乐丝·狄克斯认为："一个男性的婚姻生活是否幸福和他太太的脾气性格息息相关。如果她脾气急躁又唠叨，还没完没了地挑剔，那么即便她拥有普天之下的其他美德也都等于零。"苏格拉底的妻子兰西波是出了名的悍妇，为了躲避她，苏格拉底大部分时间都躲在雅典的树下沉思哲理；托尔斯泰为了逃离夫人的唠叨在雪夜离家出走，死在了火车站；凯撒之所以和他的第二任妻子离婚，是因为他实在不能忍受她终日喋喋不休的唠叨。

　　法国皇帝拿破仑三世和美丽的依琴妮·蒂芭女伯爵双双坠入情网，并且很快结了婚。他的大臣们纷纷表示反对，可拿破仑三世却不在乎。女伯爵的秀雅、青春、魅力和美貌使他喜不自胜。拿破仑三世沉浸在喜悦中，兴奋地向全国宣布："我已挑选好了一位我所敬爱的女子，我是不会娶一个素不相识的女子的。"

　　可是，没多久，这段看似美满的婚姻渐渐冷却了下来，最终只剩下一堆灰烬。依琴妮被嫉妒和猜疑冲昏了头脑，总是不停地唠叨，甚至轻视皇帝的命令，经常闯进他处理国事的办公室，搅扰他和大臣的机要会议。她生怕拿破仑三世跟别的女人相好，不容许他

第五章 好丈夫是好女人打磨出来的

一个人行动。她时常去找姐姐抱怨她的丈夫……诉苦、哭泣、唠叨不休。她还经常闯进他的书房，暴跳如雷、恶言谩骂……拿破仑三世身为法国元首，拥有富丽的宫殿，却找不到一间小屋容他静住。结果，拿破仑三世经常于夜间从宫殿的一扇小门潜出和其他女人幽会或者在巴黎城内漫游。依琴妮高居法国皇后的最高宝座，拥有绝世的美貌，却无法唤回爱人的心。依琴妮曾放声痛哭："我最害怕的事终于降临到了我的头上。"

依琴妮落得这样的下场，其实完全错在她的嫉妒和喋喋不休。正如前面所说，烧毁爱情的一切烈火中，唠叨是最可怕的一种。

婚姻中的很多女人都喜欢唠叨，而唠叨中更多的是抱怨：抱怨男人赚钱不多，抱怨男人没有升官，抱怨男人没买大房子，抱怨男人不够体贴。听到这样的唠叨，没有人会不泄气，所以唠叨其实是打击男人并令女人们的境况更差的"捷径"。抱怨让男人变得平庸，而抱怨的女人也一定会成为一个不可救药、让人生厌的"祥林嫂"。

含柔从大学时就和少星谈起了恋爱。大学毕业后一年，他们喜结连理。按说，他们结束了恋爱马拉松，走进婚姻的殿堂，应该是幸福的一对。可是，自打结婚以后，含柔的手中就拿起一把无形的尺子，只要见到丈夫就必须量一量。少星洗衣服时，含柔会说："你看看，这领子、这袖口，你连衣服都洗不干净，还能干什么？"对于少星做的饭，含柔会说："哎呀，做饭怎么不是咸就是淡，一点谱都没有，让人怎么吃呀？"少星做家务时，含柔会说："怎么这么笨，地也擦不干净。"诸如此类的家庭"噪音"不绝于耳。

好婚姻，靠修行

　　刚开始的时候，少星常常是黑着脸不吱声。时间一久，他就开始和含柔顶嘴。"嫌我洗衣服不干净，你自己洗。""我做饭没谱，以后你做，我还懒得做呢。"有时候，少星也会大发雷霆，和她大吵一通，然后好几天两人谁也不搭理谁。

　　日子就这样在吵吵闹闹中过了几年。终于有一天，含柔又在唠叨他碗洗得不干净时，少星再也无法忍受，把所有的碗都摔在了地上，大声吼道："你烦不烦，看我不顺眼，干脆离婚算了，看谁顺眼跟谁过去。"

　　含柔万万没有想到少星会提到"离婚"二字，她顿时泪如雨下："我说你，还不是为了你好？换了别人，我还懒得说呢！要离婚，好，现在就离！"结果，少星摔门而去。后来，含柔在朋友的劝说下，明白了一个道理，那就是对丈夫不能太苛刻。其实，衣服有一两件洗不干净是常有的事；丈夫又不是大厨，偶尔盐放多放少更是小事一桩。自己不停地唠叨，把这些常人都有的小毛病无限放大，而且还养成了习惯，正是因为她对丈夫如此地挑剔，才使得丈夫与自己越走越远。

　　一位心理学家曾经对1 500对夫妇做过详细的调查，研究发现，丈夫眼中妻子的最大的缺点是唠叨、挑剔。唠叨、挑剔给家庭生活带来的伤害是巨大的。

　　所以，女人要想获得幸福，一定要想办法让自己远离唠叨。

1. 不要重复讲话

　　假如你提醒他三次以上陪你逛街，但是他仍然没有任何回应，说明

第五章　好丈夫是好女人打磨出来的

他根本就不想去。这时，你应该尽量停嘴，不再重复，过多的唠叨只会让他和你较劲，更不愿意去。

2. 冷静对待纠纷

婚姻中的双方难免会发生一些争执，这些争执是最容易引发的女人唠叨，很多女人这时候会选择不厌其烦地诉说自己的不快。其实，这时唠叨个没完只会引起更大的争吵。女人们此时应该设法控制自己的情绪或者通过运动、游玩等方式宣泄一下，把自己的苦闷排解出去，等双方都冷静下来时，再心平气和地去讨论这件事情。

3. 使用更有效的方式

既然唠叨不能解决问题，为什么不寻找有效的途径来解决呢？比如当丈夫忘记了结婚纪念日的时候，你对他唠叨个不停，不如自己操办一个小小的纪念日活动，这样他就会对你心怀歉意，并且万分感激你的宽宏大量，相信他以后再也不会忘掉你们的结婚纪念日，这样的方式不是比抱怨要好得多吗？所以，比起唠叨，你完全可以用其他的方法更好地实现你的目的。

4. 培养自己的幽默感

用幽默的方式对待事情，会让你心情舒畅。在生活中，很多事情是没必要生气的，与其为了一些鸡毛蒜皮的小事紧绷着脸，把甜蜜转变成相互指责的怨恨，不如以幽默的方式待之，这会让你的每一天都过得无比畅快。

好婚姻，靠修行

好男人都是女人用心培养出来的

大部分未嫁的女孩会感到委屈，为什么好男人要这么早结婚呢？这其实是弄错了因果关系，好男人不是天生就存在的，他们也曾平凡过，正是因为有个女人发现了男人身上的闪光点，才把他们打磨成了钻石。每个成功的男人身后都站着一个了不起的女人。

许多女孩子在谈恋爱之前，就期待着自己的男人是完美的：有好的事业、好的外貌、好的性情，并且很爱自己。

好男人不是天然存在的，犹如黄金不是天然存在的一样，这个世界上，裸露的只是矿石。聪明的女人善于慧眼识矿，找到最好的原料，然后经过慢慢磨砺熔炼，从而打造出一个完美的男人。完美的男人是女人培养出来的，而女人就是创造完美男人的魔术师。

我们都说叶莉嫁给姚明是占了便宜，可他们谈恋爱时姚明不过是上海队的新人，而叶莉早就功成名就了。我们都说刘青云和郭蔼明珠联璧合，可他们在一起时，刘青云还只是个跑龙套的，郭蔼明却是一位高学历港姐。

第五章　好丈夫是好女人打磨出来的

所有的成功都是有原因的。完美婚姻都是需要付出代价的，完美男人也需要女人付出她们的青春。

刘青云说："老婆是我的一剂良药。"沈从文说："我行过许多地方的桥，看过许多次数的云，喝过许多种类的酒，却只爱过一个正当最好年龄的人。"想要一个属于自己的完美男人吗？那就去制订一个男人养成计划吧。

姿璐和英鸿在大学时便是恋人，他们有着出众的外表和才学，是当时学校里人人羡慕的眷侣。毕业后，两人被分在了一个城市。正当英鸿拿着求婚戒指向姿璐求婚时，姿璐却说："我们分手吧！我爱上别人了。"

就这样，两个人分手了。原来，毕业后的姿璐遇到了一个成熟的男人，他很有气质，很有才华，也很有钱，是那种容易令女人疯狂的男人，他能给姿璐想要的一切。此时的英鸿却什么都给不了她。失恋后的英鸿伤心欲绝，在家人的开导下，英鸿离开了这座城市。

正当光环笼罩的姿璐享受着生活的美好时，一个不小的打击让她沉默了。那个养她的男人其实早已结婚，并且她不过是很多被包养的女人中的一个。姿璐悔不当初，但又能说什么呢？这是自己选择的路。于是，姿璐又开始了一个人的生活。

转眼十几年过去了，37岁的姿璐还是一个人。一次偶然的机会，姿璐遇到了英鸿。英鸿戴着南方某知名企业老板的头衔回来了。英鸿的生意比姿璐当初选择的那个男人的大好多。英鸿已经从一个毛头小伙，变成了一个成熟稳重的大男人了。姿璐邀请英鸿到

好婚姻，靠修行

　　咖啡厅坐坐。他们聊了很多。姿璐有些心动了，这样一个自己曾经深爱过的男人，这样一个具备理想条件的男人，姿璐不想再失去。英鸿问："你结婚了吗？"姿璐说："没有，你呢？"姿璐以为会像爱情故事中写的那样，两个人能够重新开始。可英鸿接了一个电话后，对姿璐说道："我得去接我女儿了，保姆家出了点事情，不好意思，我们改天再聊吧！"英鸿开车走了。看着渐渐远去的劳斯莱斯，姿璐的视线模糊了，她感到好像窗外在下雨，后来她才发现，是自己的心在下雨。原来别人培养的老公更让人心动。

　　好男人都是女人用心培养出来的。那么，什么样的男人在女人眼里算是好男人呢？尽管现在女人对男人越来越挑剔，但衡量好男人的标准，还是比较统一的。

　　首先，好男人必须对自己的女人感情专一，要从心里疼爱自己的女人。在对家庭有责任感的同时，最好能承担一些家务活，这也是好男人疼女人的一种具体表现。

　　对于许多男人来讲，做到这一点有些难度，因为外面的世界有太多的诱惑，出门就能看到野花遍地，姹紫嫣红，叫他如何不心旌摇动。据研究表明男女的爱情寿命只能维持一年左右，何况是走进婚姻的男人。女人培养男人，先要掌握家庭的经济大权，适当控制他的作息时间，然后再对他温柔相待。在家里，女人要对男人表现出发自内心的柔情，一个热烈的拥抱，一个迷人的眼神定会令他激动不已。女人要试着给他一些做家务的机会。在男人做家务的时候，女人千万不要吝惜赞美。相信不久的将来，一个体贴能干又无非分之想的好男人就培养出来了。

　　世上从来就没有天生的好男人，所有的好男人都是女人调教出来

第五章　好丈夫是好女人打磨出来的

的,要不为什么那些已婚男人能轻而易举地讨得年轻女孩的欢心?经历过女人这所"学校",再差劲的男人也会有几分"成色"。

不过,大多数女人都不愿意去拣一个有过婚姻的"成品"男人,又想自己能嫁个好男人,那就只能自己动手调教出一个好男人了。连钱钟书老先生都说过,女人原是天生的政治动物。虚虚实实,以退为进,这些政治手腕,女人生下来全有。

男人都是重性轻情的动物,对他们,太好不行,不好也不行。最正确的方法是,时好时坏,70%的"好"加30%的"坏"。

如果男人不做饭,一周7天,你就只煮3天的饭,剩下的时间自己去餐馆吃,让他一边品尝冷锅冷灶的滋味,一边回想你做的美食,回想你的贤惠;如果男人经常晚归,你也在外面玩几天到深更半夜再回家,让他独守空房,寂寞中回想你的温柔;如果他想分手,你就要先离开他,不要表现出一副对他恋恋不舍的样子,让他懊悔自己失去了一个这么好的女人。谁感情上表现得越不在乎,谁就是婚姻生活的赢家!男人都这样,越是不能轻易得到的就越珍惜。

不论婚前婚后,女人时时刻刻都不能忘记对一个男人的调教。男人只会爱上教会他爱、需要他爱的女人。

好婚姻，靠修行

爱他，就多给他一些自由空间

男人从不想在恋爱关系中被人掌控，也不想受到任何一种形式的操纵。因此，聪明的女人绝不会给自己的男人套上紧箍咒。男人的心思很单纯，只要摸透他的心思，男人是很好掌控的，要你的老公一辈子守在你身边，是再简单不过的事情了。然而，很多女人却不懂这个道理，反而把自己的老公逼走，甚至将他送入另一个女人的怀抱。

美国心理学家曾对几千位离婚的男人做了调查，发现这些男人之所以离婚，很大的原因是受不了老婆的神经质。老婆太过敏感，甚至有时候会无中生有、胡乱猜疑，未查明事情缘由就以自己的主观判断乱下决定，这简直就是男人的噩梦。在现实生活中，不仅仅只是离婚男人害怕神经质的老婆，所有的男人都害怕发神经的老婆。

约翰每次下班一进家门，他的妻子蒂娜做的第一件事就是走上前闻一下约翰身上是否有别的女人的味道。蒂娜还会仔细地检查老公的外套，看有没有别的女人的头发或是口红印。

第五章 好丈夫是好女人打磨出来的

刚开始，蒂娜在约翰身上总能找到几根女人的长头发，蒂娜因此判定他在外面"偷吃"，于是开始大吵大闹，也不听约翰解释——"这可能是挤公交车时留下的头发，我真的没有做任何对不起你的事"。

就这样，约翰在外面会特别小心，不要让别的女人的头发沾到自己身上。在进家门之前，他还会先彻底检查一遍自己的外套，看是否有可疑之物。

结果，约翰每次回家，蒂娜总是找不到任何可疑之物，她便开始大哭了起来。约翰不解地问老婆为什么要哭？蒂娜伤心地说："我看这下你真的是无药可救了！你竟然连光头的女人也要！"

婚姻应该建立在相互信任的基础之上。神经质的女人不自信，害怕老公离开自己。其实，男人更需要女人的帮助，在男人前行的道路上更需要老婆的支持，男人冲锋陷阵的力量往往来自对老婆的爱。女人不妨尝试多给老公一些生活空间，用女人的温柔给老公搭建一个温馨的家。

没有哪个男人会喜欢像藤蔓一样把自己缠得透不过气来的女人，聪明的女人善用欲擒故纵的策略来抓住男人的心，从而获得爱情，获得幸福。

都说男人喜欢自由，那你就给他一双翅膀，让他飞翔。风筝飞得再高再远，你也不必担心，因为线紧紧地攥在你的手中。记住，给婚姻留一点缝隙，以便让对方能够自由呼吸，这样反而会让男人更加贴近你。

爱，就是给对方一个自由的空间，为对方着想。长相厮守的意义不是用柔软的爱捆住对方，而是让他带着爱自由飞翔。生活中一些事情常常是物极必反的：你越是想得到他的爱，越要他时时刻刻不与你分离，

好婚姻，靠修行

他越会远离你，背弃你们之间的爱情。

我们应当相信，真正的爱是双方之间留有一定的时间空间的。因此，作为婚姻的双方，在魅力的法则上，请留给彼此一个距离，这距离不仅仅包含空间的尺度，同样也包含心灵的尺度。

第五章　好丈夫是好女人打磨出来的

会撒娇的女人最好命

女人天生有两大对付男人的武器：第一是眼泪，第二就是撒娇。会撒娇的女人最好命。女人的撒娇能让男人欢呼雀跃，能使男人迅速成长，焕发出男人的本色，激荡起男人的气魄，施展出男人的才华，使男人感受到征服的快乐。女人撒娇，男人就会呵护她，会觉得自己是她的保护神。

撒娇是女人的特权，撒娇的女人一定是妩媚动人的。恋爱中的女人，经常向爱人撒撒娇，可以让感情迅速升温。做个会撒娇的女人，你就会被男人爱着，宠着，呵护着。

爱撒娇不等于会撒娇。会撒娇的女人自信、乐观，懂得适度展示自己的女性魅力，用撒娇营造的轻松氛围给对方带来愉悦，也让自己享受好心情。与这样的女子相处，在一定程度上被解读为福分。撒娇是一门艺术，在耸肩、眯眼、"嗯，不嘛"的背后，有真诚的小性情被抖落，有调皮的小心思在闪烁。会撒娇的女人总能有好心情，因为她们自信又聪慧，从来不缺乏看到美好的心。

好婚姻，靠修行

　　菲玥是朋友圈中公认会撒娇的女人。有一次，菲玥和一帮女友聚会，说说笑笑，不知不觉就晚了。菲玥给老公打电话："亲爱的，外面好黑哟，我害怕，你来接我，好不好？"娇滴滴的声音，听得一众女友齐齐发出嘘声："哎哟，还能再肉麻点吗？"没过多久，菲玥的老公就来接她了，还给她带来了外套和围巾，并细心地替她穿好围好，一边做着这些一边爱怜地叨叨着："这都多大的人了，一点都不知道照顾好自己，今天外面的风多大啊，回头冻感冒了怎么办？我也总不能天天跟在你后头随叫随到……"菲玥听着老公的唠叨，便黏在老公身上，娇嗔地说："讨厌，每天就知道叨叨我，人家怕黑嘛，你又不是不知道……"

　　也是这一次，女友们听见菲玥的老公很自然地叫她"妞妞"，听得大家鸡皮疙瘩都起来了：这都奔四的年纪了，还叫妞妞呢？

女性适当撒娇，是幸福的秘方之一。当两人争吵时，适当撒个娇可以缓和气氛；当两人蜜语甜言时，撒个娇也能让气氛更和谐。十个男人有九个喜欢自己的女人偶尔撒点娇，以增加生活乐趣。

女人要学会撒娇，不仅能增添情趣，还能让你的爱人更加痴迷你、爱你。但是，撒娇也是有技巧的。女人的撒娇并不是无理取闹，撒娇也是一种意见的表达，掌握对的方法和技巧表达自己内心的诉求还可以增加男人对自己的好感度。

恋爱阶段是女人一生中撒娇最多的时期。一声声嗲嗲的撒娇让爱人仿佛掉进了蜜罐子。撒娇并不难，就在一举手、一投足、一个眼神、一个微笑、一句话之中，女人的风情就展露无遗，或调皮，或妩媚，总会让男人心动不已。

第五章　好丈夫是好女人打磨出来的

对于没有结婚的年轻女人，撒娇或许是十分自然的事情，然而对于已经结婚很久的女人来说，就不大容易了。很多女人在结婚之后，日复一日地生活在柴米油盐的算计中，青春少女的天真无邪被磨没了，心灵的光彩也被磨光了，难免会让男人心生厌倦。那些不撒娇的妻子，等到丈夫有了外遇之后，才到处抱怨自己的境遇。为什么自己默默无闻的付出换来的却是被抛弃的结果？这时你就要开始反省：自己身上是否还有恋爱时的魅力？

撒娇，有时可以是几分调皮的狡黠，可以是几分娇嗔，一个娇媚迷人的笑，一个出乎意料的吻，是散步时的小鸟依人，花前月下的甜言蜜语……

撒娇是要讲究方法和技巧的，运用不当，反而会让人不舒服。

1. 紧挨着对方

抱着对方的后背，同时握住对方的手。先让身体的一部分紧密接触，娇嗔地倾诉你的抱怨之情，男人绝对会一下子抱紧你的。

2. 带点噱头

用类似动漫人物的语调说"不许去，不许去"之类的话来阻止想要去联谊的他吧。在这种情况下，男人们可能在笑笑之后还是会去，但最重要的是你要传达出"我不想让你去"的心情。

3. "萌状态"发嗲

让自己处在"萌状态"发嗲，就是多使用点小孩的语言，让他有种看你是小女孩的情形，拉住他的手摇啊摇、捶他的胸膛、耍小性子等，

好婚姻，靠修行

都会收到不错的效果。

4. 使用否定句

使用像"我可没在嫉妒哦"这样的否定句来表达你的嫉妒吧。明明是在嫉妒，却能让人看出你在努力克制嫉妒的可爱之处。

5. 俏皮地拧捏

俏皮地拧捏会有意想不到的效果，在他逗你的时候，让你感觉难为情的时候，伸出你的小手，拧捏他的身体，面带羞涩地跑开。

6. 顶级用语"讨厌"

这是一个非常带有磁性的用语，不管什么场合，都能起到你温柔妩媚有女人味的效果，记住说这话的时候语气态度要温柔可爱，增添迷人效果。

7. 温柔的暴力

捏他、捶他、拧他、撕他、咬他、用手指头点他，这些女性化的动作，不妨有选择地运用一下。

8. 赖在他怀里

在电影院里、在郊外的小路上、在空旷的广场边，慵懒地赖在他怀里。这是很温暖的接近，也是温柔的信任。

9. 多用一些婴儿语言

和男人说话，使用叠词也许能起到非凡的效果。男人喜欢看到自己心爱的女人在他的"作用"下发生匪夷所思的变化，比如变嫩、变痴、变傻。

10. 港台腔

"抱抱我嘛。""我就要嘛！亲爱的。""你好好的。""我好冷。""好不好吗？"音色、声调要修饰到位。"枕边风"之所以那么有说服力，就在于"声"的迷惑水平高。

好婚姻，靠修行

读懂男人的情绪密码

在婚姻中，大多数女性都非常疑惑该怎么引导男人表达自己的情绪。其实，对于男人而言，他们更擅长用外在的事实来表达内在的情绪。

男人和女人是完全不同的两种人，女人的性格男人猜不透，男人的性格女人也很难了解。因此，作为女人要想读懂男人，首先就要摸清男人的性格才能了解男人，才能左右自己的感情。

对于女人来说，摸清男人的性格是很重要的。在爱情的路上，不管你们遇到多大的困难和挫折，只要你了解他，相信你就会试着去改善你们的感情。男人的性格是多样的，冲冠一怒、揭竿而起的只是一少部分男人的性格。男人也可以是唯唯诺诺、逆来顺受的，但有一点是所有男人的共同性格，那就是每个男人都有他自己的原则，有他自己的底线。

从某种意义上讲，男人的性格是要陪伴女人一生的，所以作为女人在选择自己的幸福之前一定要谨慎，试着去了解一下男人的性格。

第五章 好丈夫是好女人打磨出来的

结婚这么多年来,安梦和她老公每天都会在晚饭时面对面坐下,聊一聊彼此在这一天发生的事情。很多时候,安梦总是非常陶醉,也非常享受这样的时刻,通过这样的对话她可以了解老公的心情。然而,在一次对话中,安梦突然意识到,她的老公其实从来都没有针对自己的心情说过任何话,这让安梦感到非常懊恼。

"最近真是好忙啊,一点精神都没有。公司连个帮忙的人都没有,所有的工作都压在我一个人身上。"

"哦,忙了一整天,你一定感觉很辛苦吧?"

"上次在同学聚会上,我的名字被选中了,还送了我一张商品代金券呢。"

"噢,是吗?你的心情一定很不错。"

在生活中,安梦和老公之间类似这样的对话还有很多,虽说老公只是不厌其烦地陈述事实,而安梦却总是试图从中解读出他的感情,而且还偏执地以为他是在直接表达自己的感情。有时候,安梦甚至还会想,如果没有自己的话,老公就无法发泄他内心的情感,那些情感将会永远在黑暗中一点点地积压起来。

或许你也有过安梦这样的经历,那么,请你无论如何都要坐下来,静静地听听坐在你面前的这个男人说的话吧。也许他不会提起任何关于他心情的词句。比如,当男人的收入不太好而感到压力时,他不会说:"连喜欢吃的东西都不敢买,真是令人难过啊。"而是会说:"新上任的领导真是无能,把经济搞得一塌糊涂。"比如,当男人面对下属的无礼行为而感到有压力时,他不会像女人那样愤愤不平地说:"我都快被那家伙弄疯了。"而是略带绅士风度地说一句:"现在的小孩真是没教

好婚姻，靠修行

养啊。"

　　男人是这样表达内心情绪的，他不管是针对某个特定情况，还是自己的内心情感，都习惯于借助外在的事实来加以说明。这是因为对于男人而言，在他们能力所及的范围内，这么做可以说是解释情感这种抽象化东西的唯一方法。当然，这也可以解释为什么男人对政治和经济特别敏感，并且特别喜欢讨论它们的原因所在。

　　对此，心理学家认为男人之所以对政治和经济特别关心，是因为他们试图证明一点：自己的行动或情感发生的原因只能从外界找到答案。不过，在政治和经济面前，男人总是无视那些对此毫不关心的女人，自顾自地高谈阔论，事实上，由于男人自身无法了解和表达自己的情感，所以，只能借助那些社会问题来展开对话。当然，他们也无不希望借此来展现自己博学多才的一面。

　　在现实生活中，有的男人性格随和，善于与人沟通，还懂得把握对方的心理，从而特别具有亲和力，减少了从政、经商、务农、治学中的不必要的摩擦，轻而易举就获得了成功。对于女人来说，这样的性格同样是一笔巨大的财富！

　　一个人的人生经验，包括家庭、学校以及社会的间接与直接的经验，构成了这个人对待客观世界的心理特征。当他对客观世界做出反应时，就变成了他的行为体系。

　　刚踏入社会的男人，由于没有足够的社会经验，把世界看得十分美好，对人热情大方，与人交往从不设防，想说就说，想笑就笑，常常按照自己的情绪支配自己的行为。

　　在经历了沧海桑田之后，知道了爱情也要物质基础，漂亮不能当饭吃，为人处世要悠着点，人生道路有陷阱等，男人便开始设防，其性格也变得沉稳而坚定。

　　人的性格形成，更多的是后天的社会实践，当然也有些先天的遗传。人是一种趋利避害的动物，或者说，人的短视与狭隘是一种本能，当生活出现某些巨变的时候，畸形的环境会造成畸形的性格。性格是环境的产物，环境决定人的心理特征与行为方式。

　　男人在事业上遇到什么不顺的事，他不会那么快释然，在外一脸的笑意，回家后却沉默不语。

　　都说女人很脆弱，其实男人比女人更脆弱，比女人更忍受不了生活的挫折。越是外表坚强、事业兴旺、一帆风顺的男人，越是容易被风暴摧垮，这就好像某些大病不犯、小病不断的人往往比从不患病的人更长寿是一个道理。

　　读懂男人的情绪密码，不仅可以帮我们避免许多不必要的争吵、冷战，而且还是让男人更爱你的法宝。

第六章
Chapter 06

成为幸福婚姻的女主人

当我们的爱情淡了，亲情却浓了，亲情足以维持我们的关系，让我们为了这份柴米油盐交织成的亲情而坚守下去。

第六章　成为幸福婚姻的女主人

从细节入手增进夫妻感情

有人说,结婚是爱情的坟墓。此话虽然有点言过其实,但也并非全无道理。然而,更有许多夫妇,婚后感情与日俱增,两情相悦,恩爱有加,爱情之花常开不败。究其原委,全在于夫妻感情巩固、发展得法。总结他们的成功做法,有以下几条值得借鉴。

1. 经常回忆热恋

热恋是婚姻的前导,热恋中的男女那种两情依依、片刻难离的情景是非常美妙的。结婚以后,经常回忆婚前的热恋情景,就能唤起夫妻的感情共鸣,并在回忆中增加浪漫情感,更加向往未来,从而增进夫妻感情。

2. 安排再度蜜月

蜜月是夫妻俩感情最浓的时期。那时,两人抛开一切纷扰,完全进入赛过蜜糖的爱情天地,享受幸福的二人世界。婚后,如果能利用节假日，每年安排时间不等的蜜月，如来个异地旅游，再造两人的爱情小天地，重温昔日的美妙时光，定能不断掀起爱意，使夫妻的感情越来越浓。

3. 庆祝纪念节日

结婚纪念日、对方生日、定情纪念日等，是夫妻双方爱情史上的重要日子。届时，采取适当的形式予以纪念，使双方都能感到对方对自己怀有很深的爱意，这对于巩固夫妻感情作用甚大。

4. 补偿往昔情债

不少夫妇结婚时由于条件所限，未能采取理想的形式来回报对方的爱意，如未能度蜜月，未能给爱人买一件像样的礼品等。若干年后，当条件具备时，记着完成这些当初未尽事宜，以偿还过去欠下的情债，就会使对方觉得你是一个很重情的人，爱你之情便会倍增，如不少男人婚后给爱人买金首饰，许多已结婚多年的夫妇补拍结婚照等。

5. 学会取悦爱人

有些男女在婚前与对方约会时，总会想方设法取悦对方，但结婚以后便不再在意对方对自己的感受。这种做法是会损伤夫妻感情的。所以，女人在婚后要一如既往地温柔贤淑，对丈夫呵护关心；男人则应细心体会妻子的内心感受，不但要处处体贴爱护妻子，而且还要学习一些取悦妻子的技艺，如做她购买服装的高参，帮她制订美容计划，不时来点幽默等。

6. 制造点意外惊喜

出乎意料地给对方制造一些惊喜常会起到感情兴奋剂的作用。因此，制造一点意外惊喜，对于增进夫妻双方感情很有好处。如瞒着对方，将他（她）在远方的亲人接来住几天，为对方买一件很想得到的礼物，为对方搞一次他（她）非常喜欢的活动等，让惊喜迸发出强烈的感情之花，掀起欢腾的爱情热浪。

7. 适当小别

小别胜新婚。在过了一段平静的夫妻生活后，有意识地离开对方一段时间，故意培养双方对爱人的思念，再欢快地相聚。这时就能使夫妻俩思念的感情热浪交织成愉悦的重逢狂欢，让平静的夫妻感情再推向一个新的高峰。

8. 注意自身形象

有些人婚后便不再讲究衣着、容颜等。男人在这方面的问题显得更为严重。其实，无论夫妻中的哪一方都不希望对方在别人的心目中留下不好的形象。因此，注意自身形象，不但可以取悦对方，而且也是在公众场合下为对方争面子的需要。

9. 防止子女夺爱

不少夫妻在有了子女之后往往会把情感全用在子女身上，从而忽视了爱人的感情需要，此问题尤以女人为甚。这种做法其实有失偏颇。对子女施爱是必要的，但这并不意味着就要放弃对爱人的感情投入。那样，不但会冷落爱人而影响夫妻关系，也会给家庭罩上一层阴影。

10. 留足二人世界的时间

在快节奏的现代社会竞争中，每个人的工作都是繁忙的，有不少人因忙于公务而顾不上夫妻俩的感情生活，以致两人经常不能一起进餐、共眠，影响了双方感情的巩固和发展。所以即使工作再忙，夫妻俩也要巧于安排，挤出二人世界的时间，共浴爱河。

11. 保持性生活新鲜

性生活是联络夫妻感情的重要途径，良好的性生活是巩固和发展夫妻感情的必要保障。不少夫妇婚后性生活老一套，缺乏创新，并导致感情钝化。所以，要创造新鲜的性生活方式，使夫妻双方能从性生活中获得新鲜感，并使夫妻的感情之花永葆鲜艳。

12. 留一点个人隐私

肚量再大的人，对于爱人的绯闻也会生出醋意来，由此导致家庭危机的事并不少见。所以，将过去个人婚恋史上的隐私对现在的爱人坦白交代并非良策，那样，非但对增进感情无益，反而会带来本可避免的感情危机。因此，留一点个人隐私是巩固和发展夫妻感情的明智选择。

13. 慎交异性朋友

夫妻婚后有自己的社交活动，这很正常。但是，要注意慎交异性朋友，交往时要留有分寸，让彼此只控制在朋友的关系之内。我们要主动疏远那些明显对自己有好感或对自己不怀好意的异性朋友，以理智来处

第六章　成为幸福婚姻的女主人

理感情纠葛。最好的办法是尽量少参加一些只有自己一个人出席的社交活动，即使无法拒绝，也应提出携爱人一起出席的要求。特别在遇有第三者插足危险时，更应该这样做，以杜绝其非分之想。

好婚姻，靠修行

如何避免婚姻中的审美疲劳

在婚姻中，不只男人会对女人产生审美疲劳，同样女人对男人也存在视觉和其他感觉上的疲劳，审美疲劳在婚姻中普遍存在。

"夫妻俩几十年都爱得如胶似漆。"这话我不信，眼前晃来晃去总是那个人，有审美疲劳是肯定的。疲劳不可怕，累了就歇会儿，问题是歇着时别走其他心思，得想想缓解疲劳的办法。

审美疲劳其实也没什么可大惊小怪的，人性中寻求变化的本能就是社会发展的动力之一，在婚姻中处于弱势的一方经常担心的是，对方是否还爱自己，爱是不是变了，于是就弄出个"审美疲劳"来给这样的女人当头一棒，要是你不变的话，他就疲劳了！其实对男人也一样，不信你试试，30年保持同一个发型与衣着，做一样的工作，用同样的姿态亲热，你老婆一样会疲劳！

紫雁和易寒结婚七八年了，他们曾经深深相爱。新婚起初，丈夫易寒每天对工作心不在焉，他最盼望的事情是早点下班，然后飞

第六章 成为幸福婚姻的女主人

奔回家。在那里，迎接他的是新婚妻子紫雁娇美的笑容。进门后，易寒会先给紫雁一个深情的拥抱、热吻，然后两个人一起去做晚饭。这样的夜晚常常被柔情蜜意笼罩着。

一年后，丈夫易寒有了自己的公司，他的工作越来越忙了。于是，他开始很晚回家，回家后也是倒头便睡。

妻子紫雁依然每天坚持等易寒回来，却等不到他的拥抱和热吻。丈夫太忙了，这种爱的仪式已经被易寒忽略了，被他一同忽略的还有她对他的爱，对他每天的嘘寒问暖。易寒开始不愿意亲近她，整个人也变得焦躁、易怒。有时，易寒一回到家就躺到沙发上看电视或者默默地抽着烟。

紫雁不知道这是为什么。她体谅他的辛苦，有时甚至认为他也许是太累了，为了这个家，她为什么要强求他呢？

直到有一天，易寒向紫雁提出了离婚。他的理由是他已经在这份关系里感受不到任何激情了，他厌倦了，他想去寻找新生活。当然，他向她声明，这并不代表他在外面有人了。

紫雁默默地听完了易寒的想法后，答应了他的要求。但她也向他提出了一个请求，一个月后再来正式谈离婚。在这一个月里，他必须每天坚持早回家，并且回家后，给她一个拥抱或者热吻——这是她答应离婚的唯一条件。易寒不明白为什么，但还是答应了。

起初，易寒还有些不适应，因为他已经很久没有拥抱亲吻过妻子了。所以，在完成这个任务时，他甚至有些躲闪，但是当妻子闭上眼，那种熟悉的感觉便一点点地回来了。他想起了他们的初恋，那时，当他亲吻她时，她也总是习惯性地闭上她那双大眼睛，他甚至吻到了妻子眼中溢出的泪水，这泪水让他心颤。

好婚姻，靠修行

　　易寒发现他还是爱她的，只是，这种爱被岁月中的忙碌和自以为是所掩盖了。现在，当心境变得清澈时，这种爱便云开雾散，不可阻挡。有一天晚上，他早早地回到了家，平时从不下厨的他做好了一桌饭菜，妻子回来时，他替她开门，上前拥抱她，不用再说什么，因为一切尽在不言中。

　　易寒和妻子紫雁亲吻在一起，两个人都幸福地哭了。

每天生活在一起，夫妻之间难免会产生审美疲劳，如果不加以重视并进行纠偏，很有可能会演变成婚姻质量下降，甚至导致劳燕分飞的结局。

1. 对方不再关心你的仪表仪容或者穿着打扮

如果有一天你的爱人不再注意你的仪表仪容或者不再关注你的穿着打扮，不再关心你出门时的形象是否得体整洁，那么，只能说明你在你爱人的心目中已经不再享有特殊的地位，你所有的行为举止对你的爱人已经不再重要。

2. 对方近期总在不自觉地夸奖其他异性能干

如果你的爱人近期经常会不自觉地夸奖其他异性，总拿其他异性来跟你比较，你的心里肯定会不舒服。比如你的老公夸奖其他女人如何精明能干，如何节俭持家，如何把自己的家庭打理得井井有条等；又比如你的老婆经常夸奖其他男人如何体贴家人，如何拼命赚钱，如何让家人过上幸福舒适的生活等。这些都说明你的爱人已经厌倦了你的生活习惯，你要开始注意改变了。

3. 在家说话越来越少

要注意自己的爱人是否出现和你沟通越来越少的状况，有事喜欢找自己的密友商量而不告诉你，涉及家庭的事情也不和你商量，而是自己去处理，你千万别为爱人不来麻烦你而高兴。如果你的爱人在家基本上已经提不起兴致和你聊天，或是你的爱人在和别人聊天时有说有笑，你一出现或参与聊天，对方就显得不耐烦并希望你立马消失，这就要引起你的高度重视了。

4. 日常生活中视你如空气或是对你熟视无睹

如果你的爱人近期进进出出都懒得和你说话，回到家也不主动和你打招呼或者出门时不主动告诉你行踪，你主动和对方说话时又经常发现对方心不在焉，心猿意马。就算你有多么重要的家事要和他商量，对方都是一副敷衍应付的神态，或是一种超脱的神情，或者是喜欢独来独往并视你如空气，这种现象应当引起你的高度注意了。

5. 尽量避免和你同处一室，做事不想麻烦你

审美疲劳会引发视觉和听觉厌恶的连锁反应，这种表现往往很难控制。因此，如果你的爱人回来后很少和你说话，尽量避免和你长时间同处一室，除了睡觉外，不喜欢和你同睡一床，休息时不喜欢待在家里和你一起做家务，就连自己一时找不到替换的衣服都宁愿自己翻箱倒柜地找也不愿意来问你，面对这种现象，你真的要抓紧时间采取合适的办法和你的爱人认真沟通了。

好婚姻，靠修行

6. 不再自觉自愿和你一起上街购物，也不愿再听你唠叨

审美疲劳会令人表现出无法隐藏的一丝丝厌恶感，而这种厌恶感会通过对方不经意的肢体动作或者表情完全流露出来。比如，过去你们一直习惯于成双成对上街购物，或者你们一直习惯于一方唠叨一方聆听。而近期出现了一方不再愿意陪你上街购物，你一唠叨对方就会发怒等，这种细微的变化绝对不会是毫无理由的。

面对着对方的审美疲劳，你千万不能一怒之下把你的爱人踢出家门，或是说些气话让对方难堪，要知道再精美的宝物天天看也会有腻的时候，这是人的正常生理反应，没必要大惊小怪。

那么，面对枯燥乏味的婚姻，彼此间已然产生审美疲劳，难道真的无药可救了吗？

婉玉和钟峰是一对年过半百的大学教授，也是一对令人艳羡的夫妻。夫妇俩被一个栏目组邀请去做嘉宾。同许多性格互补的夫妻不同的是，老两口都是神侃型的，因此，有时候是丈夫钟峰出场，有时候则是妻子婉玉亮相。每回妻子婉玉来做客的时候，丈夫钟峰一定是毕恭毕敬地充当司机的角色。经常是妻子婉玉在化妆间跟导演沟通台本，钟峰则站在一旁笑眯眯地耍贫嘴，中间还时不时和太太婉玉打情骂俏一下。据说老两口五年前买车以后，这种"妇唱夫随"的甜蜜生活从未间断过。

老太太婉玉很有意思，都五十多岁的人了，每回上节目都烫着时髦的大波浪，不是穿着红色的西服外套就是粉色的细绒毛衣，总之，依旧玲珑的身材总是被装扮得分外妖娆；钟峰也是一位风流倜

第六章 成为幸福婚姻的女主人

觉的老帅哥，每次就算是以司机的身份跟来，也同样光鲜亮丽，整齐的衬衫总是有规则地掖在笔挺的西裤里，修长的身材几乎看不出身上的任何赘肉，羡煞了多少中老年男人。看到他们甜甜蜜蜜的样子，栏目组的人很是纳闷，这哪儿像是在围城里苦熬了大半辈子的老夫老妻？简直就像一对卿卿我我的初恋小情人！究竟是什么魔力让这对结婚三十载的夫妇恩爱如昔，始终"痒"不起来呢？

老太太笑眯眯地说道："这婚姻就跟公司一样，是需要经营的，是需要技巧的，是需要呵护的。不能顺其自然，不能得过且过，更不能放任自流。"

婚姻犹如公司，公司需要董事长掌舵，需要总经理管理。一场婚姻，一个家庭何尝不是这样？这其中，一个担负董事长的职责，一个充当总经理的角色，他们要共担风险、共赴难关，公司经营不善会倒闭、会破产，婚姻经营不善同样会破裂、会崩溃。试想，如果丈夫天天在外面花天酒地、彻夜不归，妻子大手大脚、好逸恶劳，这个家庭还怎么维持？抑或是丈夫一年到头吃不上一顿妻子做的饭，妻子一年到头也收不到一束丈夫买的玫瑰花，恐怕这婚姻就跟一所破败的老房子一样迟早是要坍塌的。

从另外一个角度来看，婚姻有时候也像是一杯咖啡，苦得很，要学会往咖啡里加点糖，这样喝起来才会有滋有味，回味无穷。

好婚姻，靠修行

经营婚姻，关键在于经营爱情

　　美好的婚姻是人生幸福的一道亮丽的风景，男人为女人而婚，女人为男人而嫁，婚姻的本质就在于相爱，以爱情为基础的婚姻会使生活更加丰富多彩。因此，经营婚姻是人生至关重要的课题，而经营婚姻的关键在于经营爱情。

　　爱情在开始时总是美好的，且不说花前月下相依相偎的甜蜜，就是男女双方的不同和反差也在深深地吸引着对方，产生着互补的效应，使彼此觉得异性是如此完美。但在结婚以后，大多数男女就不再经营婚前的那种美好爱情了，男人开始希望妻子像自己那样思维，而女人开始希望丈夫像自己那样感受，爱情的砝码开始偏移，夫妻双方开始转向以自我为中心，而不再去好好地理解和尊重对方，他们变得苛刻敌视、吹毛求疵、心胸狭隘。所以说婚姻是爱情的坟墓，其实都是婚姻经营不善的结果。

　　经营好婚姻的关键在于要互相理解，男人和女人本来就是生活在两个不同世界里的人，就像火星人和金星人，他们各有各的习惯，各有各的语言。我们不能希望两个人在习惯和爱好上完全相同，不管他们如何相爱，都要通过互相学习和交流，加深彼此的理解和尊重，保证爱情之树常青，只有双方都认真去经营婚姻，才能保障婚姻的殿堂永远光辉明亮，成千上万的金婚家庭都是经营婚姻的楷模。

要经营好婚姻，就要了解男女不同的个性。比如面对压力，男人往往会掩藏起来，而女人则会喋喋不休。男人在心烦时会变得沉默寡言，他会自己去想解决问题的办法，而对他人会显得漠不关心。这时的男人没有能力给予自己的妻子以正常的关心和体贴。当女人心烦的时候，她喜欢找一个自己信赖的人来倾诉，而她倾诉的主要目的是发泄情绪，所以她会不分主次地把过去、现在、将来的烦心事都抖搂出来。每当妻子发泄烦恼时，丈夫就会很不耐烦。因为他会觉得妻子和他谈这些是在责怪他没有把事情做好。男人谈论问题只有两个目的：追究责任或寻求解决办法。如果妻子是心平气和地说，他会觉得她在向他要主意；如果妻子大发脾气地说，他会觉得她在抱怨他。因此，要经营好婚姻，就要理解男女双方的这种差异，彼此放宽胸怀，包容对方，采取恰当的沟通方式，保证和谐相处。

语言上的恰当沟通是经营好婚姻的有力武器。只要能够意识到男女之间语言上的差异，女人可以学会既表达自己的感觉，又不让男人觉得是在责备他。如果要抱怨自己的工作，女人可以说：还好我可以回家在你面前放松一下。如果是抱怨家里的经济状况，可以说：多亏你挣的钱，家里才能过得下去。如果是抱怨教育孩子辛苦，可以说：幸亏你还能帮点忙。关键是让丈夫知道，这些烦心的事都不是他的错，对他所做的贡献你已经是很感激了。男人则要根据女人在不同的情绪周期内采取适宜的沟通方式，"理解万岁"永远是经营婚姻的金玉良言。

好婚姻，靠修行

要经营好婚姻，还要善于调动对方的积极性。在恋爱的时候，女人会通过自己特有的魅力传递给男人一个信息，这就是只有你能让我快乐。这个信息给了男人极大的动力，让他变得更加勤快、体贴。进入婚姻后，女人往往就停止发送这一信息了，男人的给予已变成理所当然，因此，男人也就失去了优秀表现的动力。几乎所有的男人会展现出更多的潜力，关键是要让他们随时感觉到，他们的付出能使他们所爱的女人更加快乐。其实男人最大的心理障碍就是怕自己配不上他所爱的女人。如果他没有这样的自信，他会努力使自己变得更加优秀。这是女人在经营婚姻时一定要明白的道理。女人的动力则来自对方对她的宠爱。女人的本性是为爱付出，但付出太多而得不到男人的体贴、关怀，她们就会感到强烈的不公平，女人一般不愿意显得要求太多，因为她们怕提出要求被人拒绝。因此，她们经常会不自觉地放弃她们应得的关心和帮助。男人在经营婚姻时一定要注意女人的作为和要求，适时地表达对她的呵护和关爱。

生活中，经常可以看到男人对朋友的事很热心周到，对妻子的事却不是很上心。这是因为在他心里觉得妻子是自己人，而他对自己从来就是这样马马虎虎的。女人也是对亲戚朋友和蔼可亲，对丈夫却常常没有好脸色。这也是因为在她心里丈夫是自己人，对自己人发脾气是天经地义的事情。

在这样的家庭里，夫妻间的关系就很难用彼此相爱来形容。因为爱一个人就是希望这个人快乐，如果那个人成为自己的一部分，爱就失去了对象。许多人认为，彼此相爱，就是彼此拥有。其实，世界上没有人能真正拥有另一个人。两个成年人各自有独立的思想，有不同的经历和家庭背景，要想在各方面都完全一致是不可能的。想拥有一个人，等于是要将自己的意志强加在这个人的身上。这和爱的精神是无法相容的，人与人之间的相处是一种分享，不同的关系只意味着分享的内容不同、程度不同。

一对好的夫妻，除了分享家庭中的各种义务、责任外，还能分享彼此的情感、欢乐和苦闷，因而成为最好的朋友。但是，再相爱的人、再成功的夫妻，都不可能完全拥有对方。这是在经营婚姻时男女双方都要牢记的。

好的婚姻是两个人共同经营的结果。要经营好婚姻，就要始终保持互敬互爱、互帮互助的关系，永远都不要想着去拥有和控制对方，适时地采取适当的沟通方式，这是每一个走进婚姻殿堂的人都应该铭记慎行的。夫妻二人的关系就要比结婚之前更为亲密，可有些夫妻总因为一些事而渐行渐远。如何才能让夫妻变得更亲密呢？让我们一起来看看经营爱情和婚姻的五个建议吧。

建议一：夫或妻作为你的枕边人，也是你心里住着的那个人，既是亲人也是爱人，所以他（她）比任何人都要亲密。那么，夫妻之间拟将关系变得更为亲密一些，聊聊心里话，在无声胜有声的时刻，可以玩玩蹭鼻头的小游戏，增加彼此的亲昵感。

建议二：夫妻间有时也会像小孩子一样，偶尔会被一些负面情绪所影响，甚至抱怨和摆臭脸。试着用赞美取代责备，你会意外发现效果特别棒，简直是事半功倍！

建议三：尽管甜言蜜语不能缺少，但一个拥抱能胜过千言万语，有温度的抚摸更能让双方互相靠近。适时地牵手和触摸会让两人之间亲昵的温度更高。

建议四：接吻对于情侣来说，不仅是情感的增稠剂，更是表达情感、传递情感的最佳方式之一。有些情侣一开始都不习惯亲吻彼此。殊不知，有时候亲吻比性更让人感到亲密。

建议五：试着放下手中的一切，与他一起出去走走，哪怕你们的关系再不好，有时连争吵都没有时间，也会因为陪伴着彼此一起出去走走而消散。哪怕不是花大钱去很好的地方，两个人在一起才是重点。

请相信，无论世事怎么变迁。婚姻和爱情仍然是最为古老、最为美丽的故事！只要我们多一份责任，多一份爱对方之心，少责难，少逃避，用心去经营婚姻中的感情世界，我们就一定能执子之手，与子偕老！

第六章　成为幸福婚姻的女主人

夫妻和睦是包容和谦让

夫妻之间应因相互认识而理解，因彼此容忍而敬爱，才能维持一个美满的婚姻。

夫妻之道其实就是相处之道。我们是在日复一日的琐碎、争执、无奈和抗争之中，慢慢地理解、包容，并对生活有了趋同的看法，才成为琴瑟和谐的终身伴侣。这就是说，理解、包容与趋同是处理夫妻亲密关系的关键所在。

俗话说："忍一时风平浪静，退一步海阔天空。"夫妻的相处之道也是如此。不管什么时候，都要包容对方的缺点，体谅对方的难处，学会谦让。这样才能化干戈为玉帛，让夫妻之间的感情更牢固，爱情更持久。

夫妻之间的包容和谦让，可以让两人幸福共度一生。女人们在聊天时，总是会抱怨自己的爱人。其实，当我们处处为对方着想、处处懂得欣赏对方的优点时，整个家庭的气氛马上就变得不一样了。

俗话说，金无足赤，人无完人。生活中不存在没有缺点或者不犯错

好婚姻，靠修行

的人，对自己的妻子或者丈夫也应该这样看待，过失是不可避免的，只要爱人认识到自己的缺点，并且愿意改正的话，就要包容他们。不要把对方的毛病整天挂在嘴边，动不动就揭对方的伤疤，这样不但不利于爱人改正缺点，反而容易伤害夫妻之间的感情。

白凌和彦知结婚后就争吵不断，原因是彦知太沉迷于电脑游戏，而白凌又太贪玩。原本下了班没事做，玩玩游戏也没什么，但是彦知每天晚上玩到三更半夜还不下线。白凌年轻，爱玩也没有什么，但是白凌每天晚上要与朋友出去逛街，不煮饭也不洗衣服。二人常常相互推诿家务事，最后闹到了离婚的地步。但因为两家父母都不同意，所以没离成。最后的结果是彦知照样玩游戏，而白凌照样约人逛街，两人互不干扰。大家都为小两口的日子捏了一把汗，因为白凌和彦知的实际矛盾并没有解决，如果他们二人都不改变的话，其后果是可想而知的。

夫妻俩生活在一起，总会有摩擦，如果双方不培养良好的心态，没有心量，缺乏包容心，那么他们的婚姻将无法维持下去。

有个人问一个学者："你的老婆有缺点吗？"学者答道："多，多得像天上的星星。"那个人又问道："那你老婆有优点吗？"学者答道："少，少得像天上的太阳。""是吗？那你为什么还那么爱她？"学者说："因为太阳出来后，星星就不见了。"

换位思考，能够让人学会包容。两个人既然选择成为夫妻，就说明

第六章　成为幸福婚姻的女主人

他们一开始是接纳对方的，这包括兴趣、爱好、习惯等。但是，相爱又了解的两个人存在一点差异也是难免的，如果对方有什么毛病是自己不能接受的，可以采取换位思考的方式来包容对方。

现如今，生活节奏快、生存压力大，一些"80后"夫妻大多是独生子女经常以自我为中心，他们不明白婚姻是两个人的事情，属于两个人共同的责任。当冲突产生时，双方互不相让，继而将"离婚"用语言的形式随意表达出来，可是时间一长，说出来的话就可能成为一种心理暗示，即产生"我的婚姻不幸福，我要离婚"的感觉，一旦一个更大的刺激出现，最终成为离婚的导火索，便真的离了。

这是一种内在的心理健康问题，如果心理能量不够强大，当问题产生时就不能暂时脱离吵架现场，做不到互相的理解和包容，总拿"离婚"说事，长此以往，双方心理上就会处于一种"准离婚"的状态，导致原本甜蜜的婚姻变得不再稳固，终究会在某一个时刻分崩离析。

夫妻之间要相互包容和谦让，包容对方的过错，学会谦让对方。两个人生活在一起难免有磕磕绊绊，如果都不懂得忍让那怎么能继续生活下去呢？理解万岁，家和万事兴。

　　王老太和老伴经常为生活中的一些小事互不谦让。两人出去买菜，老伴买了2块钱一斤的土豆，王老太听说别人买的土豆才1块5毛钱一斤，王老太就开始没完没了地数落，嫌老伴不会过日子。老伴也不相让，你一言我一语就争吵起来了。两人有时为这样的小事一两个星期都不说话。后来，王老太的老伴突然得脑出血去世了，孤独的王老太这才想起了老伴的种种好处来，觉得天塌地陷，悔不当初，每天陷入深深的自责中。其实，生活就是柴米油盐，生

好婚姻，靠修行

活在一起的人，不论是相敬如宾，还是争吵不休，平淡的生活里总有两个人之间的相互牵挂和爱护。《论语》道：躬自厚而薄责于人。夫妻之间，懂得了包容，懂得了忍让，一切的纠纷都会烟消云散。

两个人本是各自生活了 20 多年，冷不丁在一起的时候肯定会有些许摩擦，怎么样才能避免这样的矛盾呢？答案是避免不了。如果我们想尽办法去避免矛盾，还不如想法让矛盾变小，这时就体现出互相谦让的意义了。两个人在一起，只有互相谦让，才能把婚姻经营好，才能过上好日子。

第六章　成为幸福婚姻的女主人

婚姻在左，宽容在右

　　围城外，人们常常觉得婚姻应该像王子和公主一样和谐宁静，不应该争吵，只能有幸福和浪漫。可走进围城，才幡然醒悟，王子公主式的幸福或许只在遐想的童话世界里存在，现实生活中少之又少。

　　相爱容易，相处太难。媒体上婚变情杀的新闻形形色色，使我们不得不去思考爱情与宽容的左右关系。

　　茫茫人海，你我邂逅的天空，约会的街头，拥抱的甜蜜，过往的一切成了美好的回忆。可是，再精彩的生活，总有归于平淡的一天。激情过后，不再波澜起伏，不再有涟漪……很多美好的事物在你我的眼睛里流失、褪色、审美疲劳……形同陌路……

　　　方老太在她金婚纪念日那天，向来宾道出了她保持婚姻幸福的秘诀。她说："从结婚那天起，我就准备列出丈夫的十条缺点，为了我们的婚姻幸福，我向自己承诺，每当他犯了错误中的任何一条时，我都可以原谅他。"有人问方老太，那十条缺点是什么呢？方

好婚姻，靠修行

老太回答说："老实告诉你们吧，五十年来，我始终没有把这十条缺点具体列出来。每当我丈夫做错了事，让我气得直跳脚的时候，我马上提醒自己：算他运气好吧，他犯的是我可以原谅的那十条错误当中的一条。"

其实，保持婚姻幸福的秘诀不是别的，就是宽容。因为"宽容"是一块上好的土壤，会使爱情的花朵开得越来越灿烂，越来越持久。

拥有宽容的心态，无疑是维系一个家庭和谐生存的重要砝码。记得法国作家泰斯在谈及家庭生活时说："互相研究了三周，相爱了三个月，争吵了三年，彼此忍让了三十年，然后轮到孩子们来重复同样的事，这就是婚姻。"如果一个家庭没有宽容，天天争斗，一个家庭无论如何是难以维持下去的。林语堂先生也曾经说过："婚姻生活如渡大海，风波是一定有的。婚姻是让两个个性不同的人去过同一种生活。"

夫妻之间的恩爱和谐，往往要历经数年的磨合才能实现。很多人直到年逾不惑，才悟出幸福婚姻的一个重要秘诀是：宽容一点，好日子就来了。

冬蓉和大鹏新婚时情意绵绵，如胶似漆。可是蜜月期一过，夫妻之间的怄气就成了家常便饭。特别是在孩子出生后，冬蓉和大鹏更是针尖对麦芒，互不相让，结果是大人闹孩子哭。冬蓉一气之下说了"离婚"二字便一个人回了娘家。大鹏更是嘴硬："离就离，谁怕谁！"

冬蓉走了，大鹏也懒得去娘家接她，但一个人带着孩子，既当爹又当妈的，吃了不少苦头。冬蓉在娘家则时刻牵挂着自己的孩

第六章 成为幸福婚姻的女主人

子,夜不能寐,思念成灾。此时,夫妻二人才明白两口子不存在大是大非的冲突,彼此压根就不想离婚,赌的只是一口气。此刻,冬蓉和大鹏都在为莫名其妙的吵架后悔不已。聪明的冬蓉绝对不会让娘家人为她"报仇",而聪明的大鹏也是厚着脸皮去丈母娘家接回了妻子。

结婚多年后,冬蓉和大鹏才明白:婚姻就是过日子,繁杂的家务填充了家庭中的漫长岁月。男人会累,女人会烦,此刻的拌嘴和吵闹,不是感情发生了质变,而是发泄一下生活中劳累的情绪而已。夫妻之间的拌嘴和吵闹,双方都没什么道理可讲,唯一要遵循的便是:忍一时天长地久,让一步海阔天空。

宽容一点,好日子就来了。有了宽容,吵架的夫妻也会幸福到老。这是因为他们在拌嘴之余,慢慢地就懂得了宽容,懂得了如何设身处地去理解和体贴对方。

婚姻是一个漫长的过程,要慢慢呵护,细细品味。就如林语堂先生所说,两个个性不同的人在同一个屋檐下过同一种生活,肯定会有磕磕绊绊,因为你我活在现实中,真实的生活就允许有许多的争执和不同的意见。经过多年的婚姻生活,每当家庭起战争时,我选择容忍。一生气就想想她的好,将她的优点全部放在自己的脑海中。宽容别人,何尝不是一种境界。

当两个相爱的人走到一起朝夕相伴时,无论多么亲密,都难免会产生矛盾。宽容是对对方厚重的爱,是理解,是尊重。有宽容作调和剂,即便争吵也是风轻云淡,是过眼云烟的甜蜜。退一步,想一下对方的"好",少责备,多宽容。什么时候,你我学会了宽容,你我就能在婚姻的道路上从容不迫，游刃有余；什么时候，你我学会了宽容，也就不会出现你杀我砍他下毒这类婚姻的悲剧了。

宽容是什么？宽容是甜美、是温馨、是亲切、是明亮、是和谐。它是阳光，谁又能拒绝阳光呢？婚姻不是生活的全部，有了婚姻的生活才更有滋味。婚姻与生活一样都需要宽容。

生活就像一片广阔的田野，主人是自己，你我完全可以用右手的"宽容"去营造左手的婚姻。

第六章　成为幸福婚姻的女主人

给婚姻加个温情的"套"

　　两个人从最初的热恋顺理成章走进婚姻的殿堂，组成了一个温馨完整的家。可在一起生活久了，爱情淡了，两人之间还剩下什么呢？如何留住自己的婚姻、自己的爱呢？如何给婚姻上一把锁，加一个套，让它更牢固，更稳妥呢？

　　爱情淡了，责任还在。一个人是否具备责任心，是检验一个人是否拥有完整的人格的最基本的标准。一个能够有所担当、有责任心的人，才是一个真正完整的人。两个人在一起过日子，有了共同的爱情结晶，那么对于家庭的责任就更加显著了。孩子是为人父母一辈子的牵挂与责任，是值得我们用一生去呵护与关怀的，是我们不能推脱的责任与义务。同时，彼此家庭里的老人也是我们肩上的责任。所以，我们要肩负起自己身上的责任，做一个堂堂正正、坦坦荡荡的人。

　　十年修得同船渡，百年修得共枕眠。两个人能够有缘走在一起，共同走过一段风雨历程，便是莫大的缘分，哪怕最初狂热的爱情已不复存在了，可是恩情依旧，我们始终应该学会感恩，感念旧情。

好婚姻，靠修行

爱情不是支撑生活的唯一理由，更多的时候，我们在一路风雨同舟的过程中，积累下来点点滴滴的恩情，是维系我们生活的筹码。

爱情是有保鲜期的，一年，十年，二十年，我们可能无法永远让爱情保持光鲜亮丽，保持一如既往的热情。我们的爱情淡了，亲情却浓了，亲情足以维持我们的关系，让我们为了这份柴米油盐交织成的亲情坚守下去。

结婚八年，像大多数夫妻一样，灵曼和智扬反复经历着"吵架—冷战—和好"的"婚姻三部曲"。先是在婚后一个月不到，灵曼就为智扬的一句话离家出走，在小城的河畔坐到大半夜。当时，智扬还是在意灵曼的，一着急，惊动了双方父母，找了大半夜，还差点拨打了110报警电话。

后来，智扬对灵曼那套动不动就爱离家出走的把戏习以为常了。在某个冬天的晚上，灵曼故伎重演，离家出走后在自家的车库里冻了大半夜，最后实在受不了便灰溜溜地回了家。智扬却像什么事也没有一样，早已进入了梦乡。灵曼真的寒心了。女人太需要男人的关爱了，可智扬似乎总是不想付出自己的关爱。

再后来，他俩进入了"婚姻懈怠期"。拿灵曼的话说，就是连吵架的力气也没有了，两人各自吃饭、睡觉、上班，互不干扰，彼此形同陌路。

"相安无事"的两年又过去了。那阵子，智扬做了件让灵曼极度生气的事，其实回想起来，也不过是件极小的生活琐事，但灵曼爆发了。智扬也不甘示弱，就像之前的每次吵架一样，总想在气焰上一次次压倒灵曼。

第六章 成为幸福婚姻的女主人

灵曼悲哀地想着,世上怎么会有这样的男人,小肚鸡肠到如此地步。智扬从来就不知道什么叫尊重女性,从来就不知道疼惜和谦让。恋爱时,怎么就觉得这样的男人很有个性呢?

智扬也郁闷,女人怎么可以无理取闹到这种程度,就不能消停一下?话说得不中听了,要闹;买的东西贵了,要闹;买便宜了不合心意了,还要闹。莫非真的到更年期了?

灵曼提出了离婚。智扬怔了一下,随即回了句:"随你便。"

八年的婚姻,如果是一棵树也已长得枝繁叶茂、根深蒂固了。想要一朝拔去,杀伤力却很大。

真的要着手离婚事宜,两人倒静下心来了,因为要考虑的事情太多了。他们想到了年迈的父母,不知能否承受,而孩子还在上小学,正是最天真无邪的时候。一想到这些,两人的心里都堵得慌。

磨磨蹭蹭了几个月,两人终于下了决心,去找了熟识的律师朋友,准备协议离婚,将名下的存款、房屋、汽车进行了分割,孩子归父亲,母亲有永久的探视权。

好聚好散,办理手续的那天早上,全家人早早起了床,打算中午去吃个散伙饭,从此就各奔东西。

原本,灵曼觉得解脱的时刻终于到了,怎奈带着孩子坐上智扬的车后,灵曼的心情变得沉重无比。智扬也一言不发,满脸凝重。

下车时,一无所知的孩子兴奋得跑来跑去,灵曼神情却有点恍惚。一辆开得飞快的电动车从背后超上来,出于本能,智扬用臂膀挡了一下。灵曼没事,智扬的手却被车把划出了一个大口子,鲜血直流。

灵曼当场被吓得脸色发白,整个身体都在微微发抖。看着智扬

好婚姻，靠修行

忍着剧痛被医生处理着伤口，灵曼哭了。

事后，两人谁也没主动提离婚的事，日子又恢复了平静。

相爱容易，相处难。其实，婚姻一如事业，也要用心经营，彼此多一点理解与体谅，多站在对方的角度去思考问题，学会换位思考，给对方多一点微笑，少一点挑剔，那样的话，相处起来就没那么复杂了。

很多时候，男人会抱怨："我家那个女人，谈恋爱的时候多可爱呀，活泼开朗，爱说爱笑。可是现在倒好，就是一长舌妇，没事就爱东家长西家短，而且脾气变得非常暴躁，对孩子也没耐心。"女人会抱怨："男人婚前跟婚后真的是完全不一样。结婚前要啥给啥，我说一，他不敢说二。现在结婚了，没耐心了，我说什么，他都当成耳边风，结婚之前把我的生日、各种纪念日记得牢牢的，早早地就准备好了礼物，现在倒好，连结婚纪念日都忘记了，更别提生日了。"

这样的情况也许在很多人的婚姻之中经常出现，其实不是双方婚后改变了，而是真正的婚姻生活不同于爱情。恋爱的时候，一门心思只是为了讨好对方，只是为了让对方感到幸福与快乐，那个时候没有家庭的压力，没有经济的压力，加之不在一起生活，彼此之间对于对方的生活习性、脾气秉性并不是那么了解，看到的多半是一些外在，我们在恋爱时不自觉地会将自己美好的一面展示出来，而将自己的坏脾气及缺点收敛起来。但在一起生活久了，难免会出现矛盾，这需要我们懂得付出更多的耐心与理解，更多的支持与关心。

经营婚姻生活也需要一定的艺术。人人都喜欢新鲜事物，在婚姻里，不妨偶尔制造一些惊喜，哪怕是一次简单而浪漫的烛光晚餐，或者是一次舒畅愉快的短途旅行，再或者是一件对方心仪的小礼物，出其不

第六章 成为幸福婚姻的女主人

意地在不是节日的时候给对方一点惊喜，对方自然就会心花怒放，生活也就会变得更加和谐幸福。

婚姻生活还需要豁达大度的心胸，跟一个人在一起等同于接受了他的亲朋好友，接受了他的生活圈。常听人说"婆媳难处"，其实不然，以真诚待人，收获真诚。善待双方的亲友，大方一些、聪慧一些、糊涂一点，有的时候，就会为自己赢得更多的尊重与爱。

　　恋爱的时候，温苹觉得很幸福，老公浩朔对自己很体贴，也很照顾，总是以她为中心。温苹想要吃什么，浩朔就会给她买什么。周末，温苹喜欢逛街，老公喜欢玩游戏，但为了温苹，老公总会抽出时间陪温苹逛街，一逛就是一整天。回家的时候，浩朔的手上拿的都是温苹的"战利品"。那种感觉真的很棒。

　　结婚之后，他们的关系也一直很好，平时参加朋友聚会，二人出入成双，在别人眼中，他们是天生一对。刚开始，老公还是像恋爱时那样疼温苹，凡事尽量满足她的要求，以她为中心。渐渐地，浩朔开始不愿意陪温苹逛街，不是工作忙就是应酬多。下班后，他也不愿意和温苹多说话了。温苹觉得浩朔变了，不再像以前那样爱自己了。于是，温苹便总是为一些鸡毛蒜皮的小事和浩朔吵闹，浩朔却以沉默相对。温苹很是生气，她不明白自己的婚姻怎么变成了这个样子。

婚姻里，也需要双方多加交流沟通，夫妻没有隔夜仇，如果对方有让自己不满意之处，可以坦诚相待，直截了当地提出来，彼此达成共识，便会少生闷气。有的时候，心里有话当面说出来会比闷在心里更好。坦荡是一种方式，而且是让生活更阳光的方式。人与人之间相处，贵在真诚，重在交流，只有通过沟通达成共识，产生共鸣，才更有利于日后生活与持续相处。

婚姻生活里也需要双方相互理解和支持。男人多体谅一下女人职场家庭两不误的艰辛，女人多理解一下男人应酬交友的身不由己，彼此多一点理解，就会更容易贴近对方的心，了解彼此的难处，矛盾自然会少一些。

相爱的两个人自愿走进婚姻，其初衷便是想要长相厮守，白头偕老。所以，不妨给婚姻上个"套"，这个"套"是责任、理解、支持、体谅、呵护、沟通、交流、惊喜、包容与温情，有了这个"套"，就会让婚姻这件事变得不再那么复杂和棘手，让婚姻之路走得更顺畅更舒心，让婚姻里的两个人更加幸福快乐。

第六章　成为幸福婚姻的女主人

改掉喜欢抱怨的习惯

"抱怨"是婚姻幸福的大敌。婚姻生活里，不可能没有不满和怨怼。那些用抱怨甚至"海啸"的方式来发泄坏情绪的方法会毁了婚姻。让婚姻幸福的方法，是将无趣、伤人的抱怨好好地说出来。

在现实生活中，能让女人抱怨的地方实在是太多了。比如：女人花了一整天把家收拾利落了，男人却可以在不到 10 分钟的时间里就把家弄成"狗窝"；女人冬天也会一天洗一次澡，男人即便出一身臭汗，却连脚都不洗就往被窝里钻。还有的抱怨生活质量，比如："谁的老公又带她去欧洲旅游了，你却三年没带我出过这座城"；"谁家都买第二套房子了，我们却还在租房住"。孩子在学校惹了事，抱怨丈夫平时没管教；婆婆又找碴了，老公却从不站在你这边。

女人为什么爱抱怨？从心理学角度来看，女人比男人更需要关注，通常来说，她们对情感的期望也超过男人。在婚姻里，女人认为男人应该时刻关注自己，这就像她发了微信，希望有人给她点赞一样。除了求点赞，女人抱怨的另一个目的是希望能改造男人。抱怨一两次你还不改

好婚姻，靠修行

变，那就是抱怨得还不够，于是抱怨升级成"海啸"。"海啸"一来，婚姻还能风平浪静吗？但是，有几个女人是通过这种方法成功改造了自己的丈夫？

女人总会说："我这不都是为了他好吗？"出发点是好的，问题是当男人不接招，女人会长期陷入这种"恨铁不成钢"的悲愤情绪里无法自拔。这就好比"一片冰心在玉壶"，而人家"玉壶"却不稀罕。常常"为了他好"的下一句台词，一定是"他如果爱我的话，为什么就不能为我改变一下呢"。

"为了他好"的背后，到底是为了谁好？当孩子想要玩泥巴，妈妈不让的时候，妈妈们都会说"泥巴脏，把手弄脏了怎么办？"其背后的潜台词是"泥巴脏，你把自己搞脏了，给妈妈带来麻烦怎么办？"所以，很多貌似"无私"的爱的背后，其心理动机往往是"自私"的欲念。这其中就包括女人希望男人在一些生活细节上放弃做"野孩子"，成为她的"乖宝宝"。"控制欲"是个听上去非常狰狞的词语，但是这头"小野兽"却潜藏在很多女人的心里。

对自己的男人管东管西的女人们"母性泛滥"，其实很多都源于童年时期不够和谐融洽的父女关系。如果父亲因为严厉，没能让你有过撒娇亲近和为所欲为；如果父亲因为脾气不好，在家里像个"问题少年"一般令人头疼；如果父亲不疼爱母亲，而作为女儿的你一直耿耿于怀……那么，当你成家后，难免就有一种很想在异性面前大权在握的潜意识，这种潜意识常常会把你和伴侣的关系搞得令人窒息。

你太想在异性面前证明自己的可爱了，而他的"不听话"则会加深你的"到底自己是否值得被爱"的焦虑感。

但是，这种要追溯到原生家庭的心理动机，女人自己是不容易发觉

第六章　成为幸福婚姻的女主人

的，作为她的丈夫，更不会明白。而女人的确有太多抱怨的理由，抱怨的确能缓解她们的某些负面情绪，但是女人在抱怨之前，最好能先知道男人到底在想什么。

女人常有的一个烦恼就是男人不愿意和自己沟通，有了矛盾或者分歧的时候总是女人在那里"慷慨陈词"，而男人却默不作声。

妩漫和司强两夫妻终于决定坐下来好好谈谈了。他们之间确实有太多问题亟须解决了。妻子妩漫说："你有多久没回家吃晚饭了？"司强说："你有多久没起床做早饭了？""你不回家陪我吃晚饭，我有多寂寞啊！"妩漫抱怨道。司强说："你不给我做早饭吃，你知道上午工作时我多没精神。上司已经批评我好几回了。""早饭你可以自己弄啊，每天回来那么晚吵我睡觉，我怎么能起得来。你可以不回来陪我吃晚饭，我就可以不给你做早饭。"妩漫不高兴地说。

"你知道我一天上班有多辛苦，压力有多大。一个晚饭，自己吃怎么了，难道你还是个孩子，要我喂你不成？"司强也没好气地说。妩漫抱怨说："你有多久没有给我买花，多久没有帮我做家务了？"

司强也不甘示弱地说："你知道你做的饭有多难吃，洗的衣服也不是很干净，花钱像流水，有多久没有去看我的父母了……"就这样，夫妻二人你一句我一句地互不相让，最后竟翻出了结婚证要去离婚。在去街道办事处的路上，他们遇见了一对老夫妇正相互搀扶慢慢走着，老妇人不时地掏出手帕给老公公擦额头上的汗，老公公怕老妇人累，自己提着一大兜菜。这对年轻的夫妇看到这个情景，想起了结婚时的誓言——"执子之手，与子偕老。休戚与共，相互包容"。于是，他们开始互相检讨。

司强说："亲爱的，我真的很想回家陪你吃饭，可是我实在是太忙了，得经常出去应酬，我并不是有意忽视你的。"妩漫也不好意思地说道："老公，我也不对，不应该那么小气，你在外工作挣钱不容易，早上我不应该赖床不起的。""早饭我可以自己做，每天回家那么晚一定吵着你睡不好觉，你应该多睡会儿的。"……

就这样，这场离婚风波平息了。从此以后，夫妻俩变得互敬互爱，彼此宽容忍让，更多地为对方着想，恩恩爱爱。其实，导致婚姻失败、爱情终结的通常都不是什么大事，而是一些日常琐碎的摩擦而已。

男人和女人是两类完全不同的生物。思维方式不同，生理和心理结构不同，导致男女在处理很多问题上走了截然不同的道路，男人让女人伤心或者女人让男人伤心在所难免。

与其苦苦追索男人为什么不能用自己能够理解的方式去处理问题，不如换个角度去思考自己怎么才能用适当的行为引导男人理解自己，后者的态度比前者要更积极，对女人摆脱自身的思维局限更有帮助。

冰冻三尺，非一日之寒。男人为什么会在沟通的过程中表现得异常被动或者淡漠，其实都有一个从量变到质变的发展过程。

女人很典型的一个问题就是记忆力太好，什么不愉快的事情都记着，于是不知不觉地把这些不满带到每一次的交流中来，总是用抱怨来抵消对方的作为。这种负面的情绪是一种隐形的打击，让男人越来越畏惧和女人说话、沟通和交流。让男人觉得自己怎么表现、怎么改变都没

第六章 成为幸福婚姻的女主人

有用,自己在对方的心目中已经被定型了,这必然容易导致以后的破罐子破摔。

所以,女人们一定要改掉这种喜欢抱怨的习惯。即使天性决定我们是敏感和细腻的,但这并不等于我们就要在心胸和境界上输给男人,使男人在思想上拒绝与我们站在同样的高度。这样就永远无法产生我们所幻想的神仙眷侣和恩爱夫妻了。

柳纤纤发疯似的爱上了一个男人,爱情成了她生活中最重要的事。柳纤纤心中充满了对爱情的幻想,闪电般地和男友结了婚,过起了安逸清闲的日子。婚后,老公对她很好。然而,柳纤纤却后悔了。因为她觉得丈夫安于现状不思进取,她再也找不回那份激情了。于是,她开始了疯狂地抱怨。

婚前的女性总喜欢用放大镜看男人的优点,生活在一起后却喜欢用放大镜看他的缺点。男女的性别差异造成了男女面对感情世界时的不同态度:女人把感情当饭吃,男人只是将它当作小菜。

然而,一个女人的生活中总有怨气,总是抱怨,这不仅是拿别人的错误折磨自己,同时也是拿自己的错误折磨别人。一个人抱怨太多,不仅会吞噬自己的生命之光,还会吞没友谊的绿树,吞没爱情的鲜花,吞没自己生活的乐园。无穷的抱怨会把快乐拒之门外,使女人错过身边的时光,辜负宝贵的生命。

好婚姻，靠修行

懂得装傻的女人最聪明

在现实生活中，很多事情的处理不需要你有多聪明，尤其是婚姻家庭里的夫妻。在处理夫妻之间的事情上更不需要你的每一次胜利，有时装装傻会让你们的问题得到更好的解决。作为妻子，更应该理解装傻的真正含义，从而让你们的婚姻始终保持安全的状态。

装傻并不是让女人唯唯诺诺，忍气吞声，而是换一种方式，把生活中的小事模糊化处理。装傻是女人的独门艺术：那种明了一切却不点破的拈花微笑，最令男人着迷……斤斤计较的女人可能会得到一时的满足，锋芒毕露的女人可能会得到一刻的虚荣，但她得意之时也许已然埋下了隐患，种下了祸根。

对于夫妻而言，只要不是大是大非，为什么非要争个你对我错呢，只要平心下来，把问题出现的实质原因找出来，多装几次傻何尝不可呢？

装傻是一种技巧。千青和丈夫星泽结婚十年，依然恩恩爱爱。

第六章　成为幸福婚姻的女主人

千青的秘诀是给老公最大的面子。在她卧室的墙上贴了一张字条，上面是她制订的"家规"：第一条，老公永远正确，一切事情都由他做主；第二条，万一老公错了，仍参照第一条执行。星泽在感动之余又添加了一条：夫人享有总裁决权。男人都是要面子的，如果你给足他面子的话，他不但会感激你，会对你的宽容和护佑刮目相看，还会加倍地对你好。这么划算的事，何乐而不为呢？

"聪明"的女人通常不容易得到幸福，因为她把一切都看得太透了，一切在她的眼里并不是那么简单，如果一个人想事情太复杂的话，那么她一定不快乐。

锐儿有相貌、有地位，人也很聪慧，可她先后谈了多少个男朋友，自己也说不清了，已是不惑之年的她却还是孑然一身。男朋友向她许诺："房子很快就解决了。"锐儿便会深入男友的单位调查，反驳道："分房子根本就没考虑你！"男友向她许诺："我马上就要升职。"锐儿又批驳说："你别抱幻想了。"于是，锐儿的男朋友一个个地走开了。这样的女人太"聪明"了，没人敢要。

当然，并不是所有聪明的女人都不幸福，而是要强调女人应该放下傲慢与自负，好好去体验爱的真谛，去享受生活的美好，去理解男人的心理。世上的万物存在都是有其必然性的，女人有女人的优势、有女人的作用，不可一言以蔽之。只是希望聪明的女人掌握适度原则，获得各自的幸福才是最重要的。爱己爱人，"装傻"并不傻！

好婚姻，靠修行

　　舒颜最近向闺蜜诉苦，说她和老公过不下去了，准备离婚。闺蜜惊讶不已，以前舒颜总把老公的"好"挂在嘴上，惹得一帮女友羡慕不已。问她为什么，她生气地说："他的袜子衬衫都是我亲自给买的，他的早餐晚餐都是我亲手给做的，他的衣服都是我亲手给洗的，对于这个家，我付出了那么多，他却对我撒谎，刻意隐瞒他的行踪。被我发现了，他竟然说我疑心重，不敢告诉我，怕我生气上火，这算什么理由？我明知道他口袋里有两百块钱，可第二天他就是不承认，这日子真的没法过了。"

　　舒颜怨气冲天，看着她的背影，闺蜜摇摇头，心中暗想，一个男人究竟会喜欢一个怨妇，还是会喜欢一个懂得在适当的时候"装傻"的睿智女人？女人的宽容会令男人有安全感，有时候退让是为了更好地防守。舒颜的婚姻之所以走到了边缘，是因为她不懂得变通，不懂得适当地调整自己的心态。试问两百块钱和婚姻相比，孰轻孰重？

　　这个世界上，傻女人不容易得到幸福，"聪明"的女人想得到幸福也不见得容易。只有懂得装傻的女人才离幸福最近。人们常说，傻人有傻福，其实这"傻人"不见得是真傻，只是比一般人更懂得把握时机和分寸，什么时候该聪明，什么时候该傻一点，傻又要傻成怎样才大方得体。这样的"傻人"，心里洞悉着一切，把事态变动都把控在她的预计之内，然后从容应对，这样的女人才是真正聪明的女人。

第六章　成为幸福婚姻的女主人

缺乏沟通会让婚姻亮起红灯

　　在社交艺术中，有一条经验是"沉默是金"。如果在夫妻间也出现不苟言笑或无话可说的情况，那就应该引起警惕了。在情感关系中，沟通是重头戏，但也绝对是个技术活。两个人在一起，要建立良好密切的情感关系，实现长久和谐、共同生活的目的，沟通是必须要做到。只有注重互相交换信息，了解彼此的意见、感受和需求，懂得在何时做什么事情，可以根据对方的情绪反应调整自己行为的恋人或者夫妻，他们的感情才能够健康地发展和延续。想要有一个幸福美满的家庭，夫妻二人一定要常常在一起交流感情。沟通少是加速婚姻崩溃的一个重大威胁。言语的交流不仅能够加深夫妻之间的感情，而且能够缓解因生活所致的压力。但是，现在的家庭出现了一种新的心理问题，那就是婚后沉默症。不知道是因为工作压力，还是家庭琐事，夫妻说话的时间越来越少，说的内容越来越短，越来越限制在工作、孩子、柴米油盐酱醋茶上。

好婚姻，靠修行

冰梅和老公都是普通的工薪阶层，和丈夫结婚多年并育有一个可爱的儿子。但冰梅觉得自己和丈夫间的话题越来越少，他对自己总是爱搭不理的，有时候想和他分享一下自己的工作情况或是最近发生的事情，他都没有反应。"老公没有任何不良嗜好，下班就回家了，听上去很幸福是不是？虽然我们每天见面，但是几乎连话都不怎么说了。"冰梅说。

每天早上全家就好像在打仗，老公负责准备早餐，冰梅负责管孩子。她不停地催促着："上学要迟到了！""动作快！""你怎么就不能快点呢！"下班回家后，两口子一个负责带孩子写作业，另一个负责做饭。本来晚餐是全家人聊天的最好机会，可是因为孩子吃饭不乖，所以仅存的那点闲暇时间还得跟他折腾。好不容易吃完饭，全家人继续各自忙活，一个负责带孩子做作业，另一个负责洗碗打扫卫生。孩子的作业完成了，大家也差不多该洗洗睡了。"我统计了一下，我们俩一天说的话都不到十句。曾经的我们一煲电话粥最少也半个小时之久呢！"冰梅无奈地说道。

现在，中国的中年夫妻尤其在45岁左右几乎不太爱交流。不交流的原因很多，有的是工作压力大，回家也不想说话；有的是共同关心的东西少，双方没话说；有的是有矛盾，不擅长交流，一交流就会吵架，还不如不交流。夫妻每天都见面，但不意味着每天都会沟通。沟通分有效沟通与无效沟通。老婆一直说，老公充耳不闻，那不是沟通，那是唠叨与抱怨。夫妻交流没有硬性时间规定，也谈不上什么技巧，但最好每天回家都可以谈一些双方都关注的话题，良好的沟通与语气很重要。

好的夫妻关系是愿意把生活中的方方面面都告诉对方，与对方分享。沟通是一种情商，更是一个良性循环。感情不好一定是从沟通不好开始的，不交流的后果是感情淡漠；交流得好的夫妻一般都是感情比较好的。沟通得好还可以进一步加深两人的感情，从而达到良性循环的效果。

有人把沟通当作建立感情的一座桥梁，夫妻之间有效的沟通是十分必要的。无论是工作压力，还是孩子的教养问题，这些都是很好的夫妻话题。夫妻之间每天还是要抽时间好好说说话。

第七章
Chapter 07

婚姻保卫战

当纯美的爱情进入真正的相守阶段就好比一杯原本热气腾腾、清香四溢的茶在经过一次次的冲泡之后，渐渐失去了之前的醇厚甜美，变得寡淡无味，不禁让人感叹相爱容易，相守难！

第七章　婚姻保卫战

幸福婚姻底线不可破

　　人与人之间的交往，其实都是有底线的。虽然底线因人而异，会稍有不同，但大致应该是相同的，建立信任度是第一步。对于友情来说，总是越单纯的越长久，那些所谓的互相包容应该说都是后话了。因为有了感情，才会有包容；因为知道真情可贵，才会懂得珍惜。

　　一直觉得除了母爱以外的所有情感都不是人的本能，所以包容与忍让肯定不是一件理所应当的事，友情也好，爱情也罢，但凡与人交往都应该是有底线的。都说夫妻可以视作一个整体，可毕竟也是由两个不同个体组成的，所以反而越是亲密越要小心呵护。说婚姻如瓷器一点也不为过，有些底线是万万不能轻易去触碰的，一旦触碰就会导致婚姻出现裂痕，亮起红灯，那些在心里深深留下疤痕的东西就是底线。

　　有些夫妻从结婚开始就吵个没完，可他们偏偏就能这么吵着爱着一路坚定地走下去；有些夫妻看似相敬如宾，很可能还是外人眼中的模范夫妻，当他们平静地宣布婚姻解体的时候，一定会雷翻身边的一群人，原因不外乎那些夫妻相处之道的底线。没有人会喜欢别人触碰自己的底

好婚姻，靠修行

线，一次两次或许还可以容忍，次数多了那只能是话不投机半句多，套用一句经常听到的话，谁也不欠谁的。

尊重一切应该尊重的。不管是家人，还是朋友，都不要轻易去贬低和批评，哪怕你说的都是事实也不要说，哪怕对方自己先说你也只能点到为止。家人更是说不得的，很多男人其实并不是不知道自己的妈妈对媳妇做得有点过分，但是作为儿子的他能说什么呢，聪明的女人不要逼着男人去做"妈妈和老婆同时落水先救谁"这道选择题，杀伤力太大了，弄不好伤到的就是自己。

关心与呵护是必需的。夫妻是什么，说白了就是互相做伴，多年夫妻还爱得死去活来的没见过，不就是少年夫妻老来伴吗？谁没个头疼脑热和遇到挫折的时候，这种情况下人都比较脆弱，所以关心是必需的，其实有时候也就是语言关怀更多点，有温暖和安全感的婚姻才是正常的婚姻，冷漠的婚姻长久不了。

夫妻之间别轻易谈钱。都说谈感情伤钱，谈钱伤感情，可钱是生活必需品，每天睁开眼睛都是花钱的事，谈钱不是不可以，就是别分开谈，"你的""我的"这种调调最伤人，有种想要分家的感觉。

谎言少一点，哪怕是善意的谎言。结婚多年的人一定有过这样的经历，那就是这件事其实早已知晓，但就是不挑明：一来因为这不是原则性问题没必要明说，二来就是看看你会不会自己说出来。很多大矛盾其实就是这样慢慢积累起来的，所以夫妻之间还是尽可能地坦诚一点为好。

感情的忠诚度。不管是哪一种出轨，也不管出轨这事有没有因果关系，总之，这是婚姻里最不能触及的一条底线，出轨是婚姻发生恶变最直接的一个因素，挽回的希望最低。

婚姻需要两个人的共同呵护，有时你不注意的一些行为或者言语可能正在削弱你们的感情，想要婚姻幸福，就不能超越下面几个界限。

1. 要明白"你不是我"的道理

就算一天 24 小时都绑在一起，我们仍然是两个独立的个体。在立界线时，不能完全以自我为中心，而将对方视为附属品。如果能够从对方的立场和角度多考虑，就不会出现太过偏执和片面的想法。

2. 每一个界线背后都要有一个后果

没有后果的界线事实上对改善婚姻状况毫无用处。所以，你要明白自己需要一个怎样的结果而划立一个怎样的界线。

3. 深思熟虑过后再决定

不要在暴怒之下冲动地决定，越是冷静地全面思考问题，越能够得出理性、公正的结论，你立下的界线也才会更有效地帮助你们改善相互间的关系。

4. 立即执行

当对方有一些不当行为时，你要立即执行自己的界线，比如，你给自己设立的界线是只要他对你提出无理的要求时，你就会跟他保持距离。当他故伎重施，你最好立即执行你的界线，让他更快地明白他的行为会带来怎样的后果。

好婚姻，靠修行

5. 不能有双重标准

同样一件事，放在你身上可以，放在对方身上就不行，如此便失去了公平。因此，不要有双重标准，让界线继续保持良好的运作状态。

6. 寻找信任的第三方的帮助

我们都有过类似的经验，暴躁的时候简直就不能和平地说上三句话，在需要判定一些事实真相、立下规则时，不妨请你们信任的好友或家人在场作证。

7. 家庭暴力

夫妻之间，男人是体力上的强者。如果动手打老婆，一定会把感情打到谷底，说不定女人承受不了，就会提出离婚。即使女人最后勉强原谅了男人，但在之后的感情上始终会有一道伤疤。特别是男人一旦动手，就会出现再次动手的现象，直到动手成了习惯，再好的感情也会被打没的。男人对待感情，越是体力上的强者，越不可动粗，即使两个人的关系完全破裂，也不能向对方动粗。

8. 婚外情

夫妻一方有婚外情，在对方不知道的情况下，夫妻间的关系还可以维持。然而，纸终究是包不住火的。它就像一枚定时炸弹，随时会有引爆的风险。到时候伤害的可能不只是两个人。

第七章　婚姻保卫战

别亲手毁掉自己的婚姻

爱都是相互的，没有完全的权利，也没有绝对的义务。有一句话说得非常到位："我们都是单翅的天使，只有结合起来才能飞翔。"然而，有些结合却为什么不能飞翔呢？这恐怕还要归咎于婚姻中的七种心态。

1. 对婚姻的高期望

从恋爱到结婚，我们一直都在用自己的幻想"欺骗"自己，这种"欺骗"是不知不觉的、盲目的、超越时空的，是可以把炽热的恋情等同于"热烈"婚姻的一种幻想。

因为有激情的冲击、甜言蜜语的包装，对婚后的生活就有了很高的期望值，幻想中美好的婚姻便替代了现实的婚姻，这是我们给婚姻人为附加的一个外包装，也就是我们对婚姻的高期望心态。

当这种美好的幻想和人为的外包装一旦被婚姻生活的琐碎所取代时，随着婚后需求的无法满足，失望与绝望的情绪就会像"黑云压城"一般伴随着一种受骗的感觉一同向我们袭来。其实，这并不是那个人欺

好婚姻，靠修行

骗了你，而是你对婚姻的高期望心态欺骗了你。

2. 过于自尊和敏感

在婚姻生活中，适度的自尊和敏感是一种良好的心态，但过于自尊和敏感就会把婚姻逼上绝路。

为了捍卫自己的尊严而对对方的言行举止过于敏感，尤其是对对方在不经意之间说的一句话或无心的举动斟酌半天。这种心态说得好听一点叫爱过了头，说得不好听就是神经过敏。如果不及时脱敏，长此以往只能加速另一方的逆反心理和心理上的沉重感。

3. 推卸责任

生活中难免有风雨，婚姻中少不了困难和挫折，当风雨袭来的时候最需要的是双方的责任心与同舟共济，而不是相互责怪、逃避和推诿。

选择一个人、一个婚姻和一种生活都是自己的决定，既然是自己选择的，所有的一切都应该有勇气去面对、承担，推卸和逃避责任只能让两人的感情分崩离析。

4. 期望回报

有些夫妻的婚姻就像是在拉大锯：我为你付出了多少，你就得回报我多少；我对你好，你就得对我好。否则，这大锯就拉不成。

如果有一方做得不够好，爱得不够多，另一方的失望、烦恼、不开心就会如期而至，以往所有的快乐便会很容易被忽略，烦恼和不开心也就不会那么容易挥之即去。这种情绪一旦渗透到婚姻生活中，就容易导致一方心态失控和心理上的不平衡，情绪上的偏差很有可能会带出婚姻上的偏差。

5. 不尊重

结婚久了，便会认为对方早已是自己人了，从说话的方式到家庭事务的处理上随意性很大，很少再去顾及对方的感受和态度。

其实，在一个家庭中，尊重是夫妻和谐相处的基础，夫妻相处时所发生的许多不愉快都是因为在一些小事的处理上，由于一方不尊重另一方而导致夫妻双方大动干戈。更有夫妻为了争一口气，开始了心理上的持久较量，冷战便成了吞噬爱情的常客，而爱情一旦被这种恶劣的气氛笼罩，夫妻之间的温情又怎么可能长久呢？

6. 不宽容

在一个家庭中，能干不能干，做得好不好是相对的。很多事情都是由不会做到会做，也只有在做的过程中才会有不会到会的质变。因此，夫妻之间每做一件事尽可能不要去求全责备，更不可以吹毛求疵。

然而，有不少夫妻就是不明白这个道理，稍不合自己的心意就会指责对方，时间长了被指责的一方不但不会觉得自己做得不好，反而会产生反击的心理。由于长期的压抑和不满使夫妻之间的感情由热转冷，而压抑的情绪如果不能及时释放，彼此之间的压抑和不满情绪随时会一触即发。

7. 过度依赖

夫妻双方在感情和心理上相互依赖可以加深彼此之间恩爱的程度，但过度依赖就有可能成为对方情感和心理上的包袱。从表面上看，过度依赖是爱的表现,其实它是一种对爱的掠夺和占有。

　　正常的依赖是相互支撑和心理满足的一种状态。超越了这种支撑和状态,就会对自己的爱情产生怀疑,疑心对方不再爱自己了或者是对自己的爱不够浓不够深了。在一次次的怀疑之后,爱情也随之渐渐淡化了。

第七章 婚姻保卫战

家，不是讲理的地方

家，是用来存放爱的地方，而不是用来讲理的地方。

在你我的周围，有幸福的家庭，也有不幸福的家庭。幸福，是因为懂得家不是讲道理的地方；不幸福，是因为把家当成了讲道理的地方。其实，幸福婚姻最忌讳的是据理力争、得理不饶人。尤其是夫妻之间，没必要非得分出个高低输赢。

许多不幸的家庭正是因为不晓此理，才搞得夫妻之间矛盾不断，最终把"和睦"变成了"分离"。俗语说："有理走遍天下。"但对于夫妻来说，有理千万别拿回家说。

有一位名人曾经说过："要维持一个家庭的融洽，家里就必须要有默认的宽容和理解。"还有人告诉我们："家是世界上唯一隐藏人类缺点与失败，同时蕴藏甜蜜之爱的地方。"柴米夫妻，食的是人间烟火，谁也不可能完美无缺，只要不是原则性的大问题就不要太过较真、求全责备，而应多体谅、多包容，这样彼此相处才会和谐，婚姻才得以延续。

对于女人来说，不是因为男人擅长讲理而嫁给他，而是希望他能疼自己、爱自己一辈子。如今的他忘了疼你爱你，动辄还要和你讲道理。不错，老公很讲理，会讲理，能把白马说成黑马，能把水说成油，这些你早就知道，心里也明白，但听着就很别扭。

对男人来说，不是因为女人擅长讲理而娶她，而是因为她可爱，她处处关心你，下雨时会提醒你带伞；你在外应酬不快时，回去可以与她说一说；她是能照顾你、疼你一辈子的人。如今，她却忘了所有的初衷，凡事都与你讲道理。男人的心里能好受吗？

其实，当夫妇之间开始据理力争时，家里就蒙上了阴影。两人都会不自觉地各自抱着一堆面目全非的歪理驳斥对方、伤害对方，最后只能落得两败俱伤、难以收拾的下场。记住，家不是讲理的地方，家是讲爱的地方。

关于英国女王维多利亚与丈夫发生争吵的事已经被人讲了好多次。有一次，丈夫独自回到卧室，闭门不出。女王回卧室时，只好敲门。丈夫问："谁？"维多利亚十分傲慢地回答道："女王。"

令维多利亚没想到的是，丈夫在里面既不开门，也不说话。她继续敲门。丈夫问："谁？""维多利亚。"女王放低嗓音回答道。然而，里面还是没有动静。女王耐着性子，又敲了敲门。门内依然传来那咨啬的一个字："谁？"这时，维多利亚女王放下了架子，柔声地回答道："我是你的妻子！"她的话音刚落，门开了。

家里的人没有高低贵贱之分。女王放下了架子，实质上是学会了让步。夫妻之间的争吵是难免的，一旦发生分歧，我们应该多学学维多利亚女王。

第七章　婚姻保卫战

　　如果你已经有了老婆或老公，你就会发现对方多半都是不讲理的，以"情"治家远胜以"理"治家。在妻子"不讲理"的时候，平和宽容地对待她，是一个丈夫处理家庭问题的基本功。当然，反之亦然。这样的家才算是一个家，夫妻之福才会天长地久。

好婚姻，靠修行

学会认输，终止争吵

即使再和谐的夫妻，也会有磕磕碰碰的时候。因为每个人的成长经验、人生阅历不同，在处理问题时，难免会有意见不合的时候。所以，吵架在所难免。

然而，有些人却喜欢把婚姻当成战场，总想占据主动权，压对方一头。殊不知，家庭内争吵的赢家永远不可能是真正的赢家，你只是逞了一时的口舌之快罢了。

现代心理学家都醉心于"一赢再赢"的解决办法，而在婚姻里，成功往往在于采取"一输再输"的策略。在婚姻中，认输实际上永远是一份有回报的礼物。

婚后不久，剑飞和妻子静娉着手装修房子，他们从一本样品手册中挑选了卧室壁纸。静娉说："这一张真好看，我就喜欢这一张。"剑飞瞥了一眼，不屑地说："太花哨了吧，看了就让人不舒服，简直就像垃圾。""你怎么能这样说？这可是一幅古典威尼斯风格的图案。""威尼斯人都瞎眼了吧？我喜欢这一张。""我死也不会选那一张。"

在争执中，妻子静娉突然把手册一合说："这本册子中有200张样品，我们应该把精力用在找到一张我们都喜欢的样品上，而不是用来争吵那些我们不喜欢的。"剑飞和静娉就这样解决了争执，最后他们终于找到了一款两人都喜欢的图案。

激愤爆发时，它只会伤害夫妻的感情。这时，你不妨试一下：让你们之间的紧张关系松弛一下，让风暴平息一点。告诉你的妻子你理解她的愤怒，你知道她内心有伤痛，你愿意为此做点什么，因为你爱她。

其实，夫妻争吵的过程就是一个不断磨合、不断适应、感情不断升华的过程。争吵处理得好，会在平静的生活中激起波澜，过后双方可以更加了解和体谅对方；处理得不好，家庭不和睦，不仅影响双方的感情、生活和事业，甚至会危及身边的孩子和老人。

俗话说："没有不碰锅沿的勺子。"在婚姻中，吵架现象不可避免，但关键在于如何学会有效地争吵，不让争吵升级，就需要一些学问。想要在家庭争执中赢得满分，首先要掌握认输的艺术。

一个会吵架的女人，在与伴侣的争吵时，会吵出特色，吵出水平，使争吵变成一种生活情趣，使彼此之间的感情危机，在幽默风趣中一笑而过。

不会吵架的女人，常常用偏激的词语激怒对方，得理不饶人，把对方逼到墙角；甚至唤来亲人朋友掺和其中，使一场小摩擦变成了一场"恶战"。这样做的结果可想而知。

人们在婚姻中争吵的那些事情，过后想想，多数不是什么大事，争

好婚姻，靠修行

执的关键在于心态上要争出个谁有理、谁没理、谁把谁给制服了，最终获胜时，有种满足感和舒服感。如果双方都不肯让步，争吵不但升级了，而且也会导致日后的恶性循环，原本相爱的双方便在这种反复地互相伤害中消磨了感情。实际上，或多或少，这种心态是缺乏信赖和安全感的表现。

平时，我们可能会煞费苦心地为所爱的人做这做那，以此来表达我们内心的爱，但我们很少会想到，在双方争执时，首先冷静下来并认输，是对对方爱的最好表达，让对方感受到你的冷静、忍让和豁达，这不但是你包容对方、爱惜对方的体现，也是一种人格魅力的展现。但凡一个正常的人、一个有血有肉的人、一个也同样爱惜你的人，事后冷静下来回味你为此所做的一切，不会不为此动容的，你的人格魅力也将在无形中征服了对方，使你在对方的心目中永远有着其他人无法取代的地位。

美国哈佛大学医学院心理学系教授、婚姻关系专家劳里在接受媒体采访时指出，夫妻相处常见的"无谓的争执"分为两种。学会避免和应对这样的斗嘴是每一对夫妻都要掌握的"入门婚姻技能"。

沐阳与妻子菲澜希望有朝一日能买一套大房子。每次去居住条件优于他们的朋友家做客后，夫妻俩就会斗嘴：将来究竟是在交通便利的城里买房，还是在空气清新的远郊居住？他们各执己见，互不相让。但现实情况是，以沐阳与菲澜的收入，四五年内都买不起房。其实，如果争执的事在很长一段时间内不会实施，那就是白费口舌，尽快结束才是上策。此时，聪明的夫妻会说："别浪费口舌了，等需要时再讨论吧。"

第七章　婚姻保卫战

沐阳与妻子菲澜外出购物，菲澜认为，许多所谓的打折品，折扣并不高。"不可能，不打折还能叫折扣店吗？"沐阳反驳道。妻子菲澜坚持说，"这只是吸引顾客的幌子。"你来我往了几句后，一场纷争在所难免。

世上有很多夫妻曾在自己非常确定但对方硬说你错的时候大发雷霆，针对这种问题，最好的解决方法是"我们找个机会，看看去吧"。

这里，我们有一个"5分钟结束争吵"的秘诀。第一，要承认错误。两人若就一个事实问题争吵不休时，一方可以举起双手，仿佛投降一般，承认争论毫无意义。第二，别说"但是"。若伴侣看到你示弱后还在纠缠，那就不要再发表任何意见了，静静地听着就好。

好婚姻，靠修行

幸福的夫妻互相成全

在婚姻中，夫妻双方过日子，你难，我也难，那么就不要再相互为难了。仔细想想，过日子不就是你成全我，我配合你。生活已经够让人疲惫不堪了，所以夫妻间更要懂得相互成全。

含柔和老公元钦就是一对懂得互相成全的夫妻。一个周末，含柔正准备午休，元钦兴奋地把含柔拉起来，说："这两天不忙，我们开车去南京玩吧？"含柔一愣，他该不是头脑发热吧？可是看老公那兴奋劲儿，含柔也不想扫他的兴。两天时间太短了，很可能玩不尽兴又很累，但含柔什么也没说，跟元钦兴致勃勃地收拾行装，然后就出发了。

正是好天气，含柔和元钦一路说说笑笑，即兴出行，多了不少兴奋感。到南京时，暮色四合，他们先去夫子庙吃小吃，挤在人群中，像两个馋嘴的孩子。在路边小店，元钦淘到了一个泡脚的木盆，做工很好，想买下来，含柔立马点头。回想起来，那个周末过

第七章　婚姻保卫战

得太有意思了。

女人容易嘴馋，含柔隔一段时间就想吃城东老店的桂林米粉。那天晚上，含柔又念叨了起来："如果现在能吃上一碗桂林米粉，那真是太好了。"元钦虽然已经洗过澡，换上睡衣了，但听含柔这么一说，想了两分钟，说："想吃就去吧，来回一个小时就够了，千金难买一个即兴。"含柔很开心，赶紧换上外衣，冲出门去。这个时段，车不多，城市夜景也有了另一番风味。那天，他们吃得很尽兴。吃完米粉，看时间还早，他们顺路逛了一下夜市，买了一条刺绣丝巾，乐滋滋地回家了。

一个周五的下午，含柔在下班路上看到剧院有新剧上映的信息，于是向元钦提议："不如带双方父母一起去剧场看话剧吧？他们难得出门。"元钦说："好啊，今天就可以。"

说做就做，含柔和元钦先买好合适时段的话剧票，然后接上双方家里的老人。听说要一起看话剧，四位老人都有些兴奋。含柔和元钦对望了一眼，那种感觉真是好极了。

这之后，含柔和元钦相互配合的事更多了，谁有个什么提议，对方都会响应。某天，看到一本杂志上介绍郊区的螃蟹宴，还附了地图，含柔顺手递给元钦，当时元钦没说话。第二天，他对含柔说："午饭不用做了，我们去吃螃蟹宴吧！"含柔心想，原来是跟我玩神秘呢！那天，他们尝到了美味新鲜的螃蟹，回来时还拎了一大袋分送给亲朋好友。

有一阵子，元钦特想去现场看球赛，虽然含柔不是球迷，根本就看不懂，但她还是说："一起去吧，我陪你。"含柔不看球，但可以陪元钦一起呐喊助威。现场的氛围让人兴奋不已，含柔也吹着口

233

好婚姻，靠修行

哨，体会了一把球迷的感觉。

幸福的婚姻都差不多，不幸的婚姻却各有各的不幸。纵观幸福的小家庭，有一个共同的特点，那就是夫妻间的担当与成全。

对男人来说，幸福的家庭就是要有担当。男人是家里的顶梁柱，必须要把家顶起来，对外承担一切，对内包容一切。男人要给所爱的人一个担当，就是要负责任，给她安全感，有质量的生活，一个温暖的家，让她和孩子有一个坚实的屋顶！

对女人来说，幸福的家庭就是要学会成全。

成全，一般是女人在男人的背后，支持他，成全他，全心全意地欣赏他，爱他，让他没有后顾之忧。管好老人，管好孩子，做好家务，照顾好他的衣食住行，不让他分心；一旦他有了事业上的想法，就全力支持他；有了困难，就帮助他；有了流言蜚语，绝对地相信他；他一时没成功，走了弯路，坚定不移地鼓励他。

顾全面子，也是一种成全。夫妻之间互相理解，互相维护，其实就是共同维持全家的尊严。伤对方的面子，自己也不光彩，这个家没有了尊严，全家每个人包括孩子在内也会感到不舒服。当一个女人彻底击毁一个男人的面子时，男人做出的反应不亚于火山爆发。这时的面子或许比任何东西都重要。

第七章 婚姻保卫战

避免让婚姻成为爱情的坟墓

很多人都把婚姻比喻成围城,城外有浪漫美好、如痴如醉的爱情;城内是家长里短、油盐酱醋的现实。

当两个握着"愿得一人心,白首不相离"誓言的年轻人,自信满满地走进他们心中的伊甸园时,殊不知,经历风霜磨难,两人有一人有异心,心中的美丽天堂随时就变成了埋着活死人的坟墓。

本以为美好的爱情可以为婚姻加筹码,然而,也许是现实的压力,也许是社会浮躁,物欲横流的社会早给那些纯真的爱情穿上了金色的外衣,使得婚姻里的两个人铐上了脚镣,步履维艰。

当纯美的爱情进入真正的相守阶段,面临着真实而琐碎的婚姻生活,现实与理想的落差让他们难以招架。平淡守候时就好像一杯原本热气腾腾清香四溢的茶,在经过一次次的冲泡之后,渐渐失去了之前的醇厚甜美,变得寡淡而索然无味。爱的激情经不住漫长岁月的日日消磨,悄悄地如晨雾一般消散无踪,以至于所有以前被爱情的光彩遮掩的缺点缓缓浮出水面,真实地呈现在彼此面前,让人惊诧,让人疑惑,让人失

好婚姻，靠修行

落，甚至让人心碎，不禁让人感叹那一句"相爱容易相守难"！

梦音出身于书香世家，是个受过高等教育的美丽女子。她温柔大方，善良贤惠，原本应当拥有一个疼她爱她的老公，应该拥有一个幸福美满的家庭。可是，梦音的生活并非如此。她说她的婚姻里早已没有了爱情，更别说激情了，有的只是对家庭的责任和义务。两个人每天形同陌路地生活在一起，而梦音的老公早已在外面有了别的女人。梦音为了孩子，为了家庭完整，默默地承受着这一切。当初，当遭受爱情的背叛时，梦音选择了沉默，选择了一个人面对孤独寂寞的漫漫长夜，选择了用酒精来麻痹自己，让泪水陪伴自己。

朋友问她为什么这么委屈自己，梦音说生活就是如此无奈，一切都是为了孩子，为了让孩子有爸爸疼有妈妈爱，为了给孩子一个完整的家。或许，当爱情里的相守变成类似陌生人的相伴时，我们除了接受，已别无选择。

当婚姻受到外部因素的威胁，感情出现危机时，我们该怎样去捍卫婚姻，该拿什么去保卫自己的爱情；有多少爱情被生活中的柴米油盐击得遍体鳞伤；还有多少像梦音和她老公一样的夫妻，明明彼此早已不再相爱可还要同床异梦地生活在一起？

那么，如何才能不让婚姻成为爱情的坟墓呢？

你可以经常参加另一半的朋友聚会，这样既扩大了你的社交圈，又可以增加你们之间的共同话题。

有空不妨参与另一半的工作，比如帮忙上网找资料，整理东西。一

第七章 婚姻保卫战

方面可以让两人合作做点事情，另一方面也可以了解另一半的工作，从而增加一些共同话题。

男人工作再忙也要让他承担一点家务，这是对家庭的责任。

谈恋爱，包括婚后，都是需要很长一段时间磨合的，小到生活习惯，大到脾气性格、做事方式，都要慢慢调整适应，这个磨合的过程会伴随无数的争吵和眼泪，但是这个过程越到后面，苦恼就会越来越少，而幸福感会越来越强。

看事情不妨乐观一点，遇到倒霉的事情心态也要放平和一些。手机被偷了，就想想正好可以趁机换个手机；感冒了，就想想正好可以休息两天；遇到堵车，正好可以想想心事、听听广播；创业不顺，就想想之前的30年人生太顺利了，有点起伏的人生才精彩。

两个人的性格、兴趣爱好、生活习惯不同都不是大问题，可以慢慢调整到彼此适应对方，但是大方向的价值观是否一致决定了婚姻能否幸福长久。你们能接受的道德底线是什么？为了事业能够牺牲些什么？为了家庭能够牺牲些什么？这些问题不一定要正式地讨论，通过日常的相处观察也能看得出来。

"婚姻是爱情的坟墓。"这句话是送给不善于经营婚姻的人的。每一份特别的缘分，最后都需要认真耕耘，才能在时间的历练下，越来越香醇，越来越甜蜜。

把专业的事交给专业的人　　中华工商联合出版社　　米文阅读

出 书 吧
企 业 及 商 会 版

一站式
全流程
出版服务

1 从选题策划到
书稿修改

2 从编辑加工到
上架销售

3 从选题持续开发到
衍生品创意

中华工商联合出版社有限责任公司是中华全国工商业联合会主管，吉林出版集团主办的，中央和国家机关所属出版社与地方出版集团跨区域、跨部门战略重组的全国第一家出版单位。我们始终秉持"传承文化，服务工商"的出版理念，以经管类、励志类及培训类图书为主线。围绕主线，关注全国工商联的中心工作，以服务于"两个健康"为己任，致力于为民营企业提供优质的出版服务。

为更好地服务于读者，特别是广大民营企业和商会组织，我们特别推出"出书吧（企业及商会版）"。希望能以书为媒，在出版社与企业之间建立良好互动，为企业提供优质高效的出版服务。更为重要的是，用书架起沟通的桥梁，让全社会更多了解民营企业、民营企业家，从而给予民营企业更多的支持。

| 如果您是企业家，记录峥嵘岁月和创业艰辛，一部著作是最好的呈现。 | 如果您想让更多人了解企业品牌和文化，一本书可以团结更多合作伙伴。 | 如果您想让更多企业了解商会协会，出版一部年鉴或年报，找我们就对了。 | 如果…… |

不要再犹豫，扫扫二维码，将如果变为成果——我们已为您准备好一切。

工商联出版社公众号　　数字图书馆

联系人：段瑛琦　　电话：010-58302813　　邮箱：gslcbs@126.com